# Christine Deja
# FrauenLust und Unterwerfung

Alle Verwechslungen des Romantitels *Neun Wochen und drei Tage* mit dem Titel des Filmes *9 1/2 Wochen* sind nicht ganz zufällig, aber auch nicht beabsichtigt.

Christine Deja

# FrauenLust und Unterwerfung

## Geschichte der O und
## Neun Wochen und drei Tage

Kore

Ich möchte mich ganz herzlich bei meinen Freunden bedanken, die bereit waren, sich mit mir auf dieses Thema einzulassen. Ihre Unterstützung und ihre Kritik sind mir eine große Hilfe gewesen.

Ganz besonders danken möchte ich Prof. Lutz Hieber für die gute Betreuung meiner Diplomarbeit, die diesem Buch zugrundeliegt.

© 1991 Kore, Verlag Traute Hensch
Dreikönigstr. 6, D-7800 Freiburg i. Br., 0761/702034
Deutsche Erstveröffentlichung

Umschlaggestaltung: Michael Wiesinger
Satz: Kore
Druck und Bindung: Grafische Kunstanstalt & Verlag Jos. C. Huber KG,
Dießen/Ammersee
Printed in Germany


CIP-Titelaufnahme der Deutschen Bibliothek

**Deja, Christine**
FrauenLust und Unterwerfung
Geschichte der O und Neun Wochen und drei Tage / Christine Deja. -
Freiburg (Breisgau) : Kore, 1991

ISBN 3-926023-31-7

# Inhalt

# Einleitung

*«Bedingungslose Hingabe. Nimm mich, alles, tu es, alles, nimm mich, alles, töte mich, wenn dir das Vergnügen bereitet. Aber versuche mich vorher zu fesseln. Sieh mich an, meine Augen sind zu, meine Wange trägt die Male deiner Finger, feuchtes Haar liegt, wo die Schwerkraft es hat sinken lassen, als mein Kopf aufs Kissen fiel. Noch besser: erzähl mir zuerst, mit leiser Stimme, daß du mich später schlagen wirst, und fessele mich mit Handschellen ans Tischbein und füttere mich. Steck mir, zwischen einem Mundvoll gebackenem Dorsch und einem Mundvoll Bratkartoffeln, deinen Schwanz in den Mund, neige das Glas langsam gegen meine Lippen, bis der Wein auf meine Zunge fließt, meine Augen sind zu, du mußt abschätzen, wie weit das Glas geneigt werden muß, ich bin nicht verantwortlich. Wein tröpfelt an meinem Kinn hinunter, niemand wischt es ab, das zuerst, und Gott weiß sicher, was mir noch bevorsteht: breite Striemen und zum erstenmal ein erstickter Schrei. Die Striemen mit den Fingerspitzen nachzeichnen, sehen, wie dein Schwanz wieder hart wird, sehen, wie du die Striemen nachzeichnest, spüren, wie dein Schwanz wieder hart wird, unsere Augen lassen einander nicht los.*

*Ein paar Wochen später ist es nicht mehr möglich, die Schreie zu ersticken. Vielleicht noch später ein Rinnsal von Blut; was empfindet man, wenn man geschlagen wird, bis es blutet? Wenn man vier ist, kann man sich nicht vorstellen, wie es ist, fünf zu sein. Wenn man nie geschrien hat, gänzlich außer sich, kann man sich nicht vorstellen, was man dabei empfindet. Jetzt weiß ich es: es ist wie kommen.»[1]*

# I

In diesem Buch wird das Verhältnis von bürgerlicher Sozialisation und masochistischen Phantasien und Erfahrungen von Frauen exemplarisch an den beiden Romanen *Geschichte der O* von ‹Pauline Réage› und *Neun Wochen und drei Tage* von ‹Elizabeth McNeill› untersucht. Beide Romane gehören zur erotischen Literatur, beide stellen sadomasochistische Inszenierungen aus weiblicher Sicht dar, beide sind unter weiblichen Pseudonymen erschienen und in der Bundesrepublik indiziert.

Unter Sadomasochismus verstehe ich in Anlehnung an die Definition von Andreas Spengler eine

«Spezialisierung auf ein sexuelles Verhalten, bei dem sich die Interaktion zwischen den Partnern auf Zufügen und Empfangen von körperlichem und/oder seelischem Schmerz konzentriert und bei dem das Element der rituellen, inszenierten Unterwerfung und gegenseitigen Beherrschung im Mittelpunkt steht».[2]

In Übereinstimmung mit Freud u. a. gehe ich davon aus, daß Sadismus und Masochismus nicht voneinander zu trennen sind, sondern die jeweils aktive bzw. passive Form desselben sexuellen Verhaltens darstellen. Für diese Betrachtungsweise spricht allein schon die Beobachtung, daß in der Phantasie wie auch in der Praxis eine einseitige und eindeutige Festlegung auf eine der beiden Rollen äußerst selten ist. Wenn Frauen sich zunächst dennoch bevorzugt für die passive masochistische Position entscheiden, so deshalb, weil sich diese eher mit den von ihnen verinnerlichten gesellschaftlichen Erwartungen an weibliche Sexualität – als passive und aufopferungsvolle – in Einklang bringen läßt.

Die weibliche Autorenschaft der *Geschichte der O*, dem bekannteren der beiden Romane, ist immer wieder angezweifelt worden, obwohl die wirkliche Identität der Autorin seit langem bekannt ist. In dieser Verleugnung drücken sich die Widerstände aus, die Möglichkeit anzuerkennen, daß die erotische Inszenierung von Gewalt, auch wenn sie meist mit starken Ängsten verbunden ist, eine weibliche Wunschvorstellung sein kann.

Obwohl gerade der Masochismus traditionell als weiblich gilt, ist das Thema «Sadomasochismus von Frauen» in der wissenschaftlichen Literatur relativ neu. Die Erkenntnisse stützen sich meistens auf psychopathologische Einzelfallstudien.

Andreas Spengler weist in seiner 1979 veröffentlichten Untersuchung über sadomasochistisches Verhalten bei homo- und heterosexuell orientierten Männern darauf hin, daß keine gesicherten Theorien über sadomasochistisches Verhalten bei Frauen vorliegen.[3] Er führt einzelne Untersuchungen an, die zu dem Ergebnis gekommen sind, daß innerhalb der Subkultur homosexueller Frauen zwar gelegentlich sadomasochistische Erfahrungen gemacht werden, das Interesse der Frauen an manifest sadomasochistischen Praktiken jedoch sehr viel seltener ist als bei Männern. Verhältnismäßig häufig wurde dagegen auch bei Frauen ein Interesse an «sexueller Anregung durch sadomasochistische Erzählungen» und an «mutuellen spielerischen Erfahrungen mit angedeuteten und milden sadomasochistischen Elementen»[4] festgestellt. Bedenkt man, wie sehr in der bürgerlichen Sexualmoral gerade der Sadomasochismus als krankhaft und pervers stigmatisiert ist, dann wird die starke Tendenz von Sadomasochisten und Sadomasochistinnen zur Unterdrückung und Verheimlichung ihrer Wünsche verständlich. Erst seitdem sich innerhalb der homosexuellen Subkultur ein selbstbewußterer Umgang mit normabweichenden Sexualpraktiken entwickeln konnte, wird der Sadomasochismus thematisiert.

Mit dem Buch *Sapphistrie – Das Buch der lesbischen Sexualität* der Amerikanerin Pat Califia[5] setzte in hetero- wie in homosexuellen feministischen Kreisen eine heftige und kontroverse Diskussion ein, die die Auseinandersetzung über Formen der Gewalt in sexuellen Beziehungen aus dem engen Täter-Opfer-Schema befreit und um den Aspekt der Freiwilligkeit erweitert hat. Seitdem kreisen die Überlegungen immer wieder um die Frage, wie sich die Tatsache, daß weibliche Unterwerfung, als reale oder phantasierte, auch für Frauen zum erotischen Reiz werden kann, mit den emanzipatorischen Vorstellungen und Forderungen in Einklang bringen läßt. Die gängigen Versuche, das Interesse an sadomasochistischen Phantasien und Praktiken als konservativen Modetrend zu verurteilen, in dem die alten Rollenklischees wiederbelebt und patriarchale Machtstrukturen befestigt würden, verschärfen das Problem. Auch die Parallelisierung mit faschistischen und militaristischen Ideologien verstärken zusätzlich die Ängste der Frauen, die sich ohnehin im Zwiespalt mit ihren Phantasien und Wünschen befinden. Denn Sadomasochismus widerspricht nicht nur allen gesellschaftlichen Normen, sondern auch dem Selbstverständnis vieler Frauen, denen weibliche Sexualität als liebevoll und zärtlich gilt, ohne Aggressivität und ohne Gewalt. Meist schämen sich die Frauen ihrer Phantasien, die sich gleichwohl nicht verbieten lassen, und weisen jeden Wunsch nach Realisierung weit von sich. Dahinter steht die Angst, nicht «normal» zu sein.

## II

J. Laplanche und J. P. Pontalis definieren Angst als

«Reaktion des Subjekts, wenn es sich in einer traumatischen Situation befindet, d. h. einer Reizanflutung aus inneren und äußeren Quellen ausgesetzt ist, die es nicht bewältigen kann».[6]

In der Reaktion der Angst auf masochistische Phantasien drückt sich die Abwehr sexueller Wünsche aus, die mit den eigenen Vorstellungen vom Selbst als unvereinbar empfunden werden, d. h. einen Konflikt zwischen «Ich» und «Ich-Ideal» darstellen. Das «Ich-Ideal» ist das Vorbild des Subjekts. Es entwickelt sich im Identifizierungsprozeß mit geliebten Personen oder bestimmten Aspekten dieser Personen. Ursache dieser Identifizierung ist der Wunsch nach Zuneigung und Anerkennung aus Liebe. Wird diese Anerkennung nicht gewährt, entsteht ein Gefühl der Minderwertigkeit, das sich als Scham gegenüber Personen oder Positionen äußert, die als überlegen anerkannt werden. Weil der Konflikt im Subjekt selber liegt, es sich selbst als unterlegen anerkennt, steht es der Bewältigung dieses Konflikts relativ wehrlos gegenüber.

Die gesellschaftlichen Normen, an denen sich das Verhalten der Einzelnen orientiert, stellen sozusagen das kollektive Ich-Ideal dar, das in der bürgerlichen Kleinfamilie reproduziert wird. Die Angst, nicht «normal» zu sein, ist die Angst vor sozialer Degradierung, die als um so beschämender empfunden wird, je stärker die Normen internalisiert wurden.

Die hochtechnisierte, arbeitsteilig organisierte Industriegesellschaft stellt an das Verhalten der Individuen bestimmte, an der Ökonomie orientierte Forderungen, die sich in dem Begriff «Disziplin» zusammenfassen lassen. Die Koordination der in dem komplexen System gegenseitiger Abhängigkeiten eingebundenen unterschiedlichen Produktionsprozesse und Handlungsketten verlangt ein möglichst gleichmäßiges, vorhersehbares Agieren und Reagieren. Durch die Erziehung zur Selbstbeherrschung sollen spontane, heftige Emotionen und Affektäußerungen aus dem Verhalten ausgegrenzt, ihre Energien unterdrückt, verdrängt oder sublimiert werden.

Eine Äußerung Richard von Krafft-Ebings aus dem Jahr 1886 veranschaulicht, welche bedrohliche und zerstörerische Macht der Sexualität zugesprochen wurde, sobald sie als unbeherrschte Leidenschaft die ihr durch die gesellschaftlichen Normen gesetzten Grenzen zu durchbrechen droht:

> «Als entfesselte Leidenschaft gleicht die Liebe einem Vulkan, der alles versengt, verzehrt, einem Abgrund, der alles verschlingt – Ehre, Vermögen, Gesundheit.»[7]

«Trotz der Hilfen, die Religion, Gesetz, Erziehung und Sitte dem Kulturmenschen in der Zügelung seiner sinnlichen Triebe angedeihen lassen, läuft derselbe jederzeit Gefahr, von der lichten Höhe reiner und keuscher Liebe in den Sumpf gemeiner Wollust herabzusinken.»[8]

Die Angst vor der Rückkehr des Verdrängten ist allgegenwärtig und treibt zu angemessenen Schutzvorrichtungen. Eine der psychischen Mächte, die sich diesen gefesselten Leidenschaften entgegenzustemmen hat, ist die Scham.

Der Übergang vom Lustprinzip zum Realitätsprinzip, der sich auf der gesellschaftlichen Ebene durch die zunehmende Verflechtung der Abhängigkeitsverhältnisse und die Herausbildung eines staatlichen Gewaltmonopols als Rationalisierungsprozeß vollzieht, setzt sich auf der individuellen Ebene in der Entwicklung der psychischen Instanzen durch die Verinnerlichung der äußeren Gebote fort. Spannungen, die früher noch ausagiert wurden, werden heute großenteils als Konflikte im Innern der Subjekte ausgetragen.

Beim Sadomasochismus kommen aggressive und sexuelle Triebwünsche zum Ausdruck, die durch Scham- und Schuldgefühle in die Verdrängung getrieben wurden. Durch das Ausagieren dieser Wünsche im sadomasochistischen Ritual wird es möglich, die inneren psychischen Konflikte einer bewußten Verarbeitung zugänglich zu machen: Es werden Erfahrungen gemacht, die die Möglichkeit emanzipatorischer Entwicklung eröffnen.

Der Psychoanalytiker M. Masud R. Khan beschreibt die psychischen Prozesse einer seiner Patientinnen innerhalb einer solchen Beziehung:

«Ihr dumpfer Schmerz, der sich in echtes Leiden und echte Qual verwandelte, verband sich nun mit einer realen Person. Ihre Wutanfälle beruhten auf Empfindungen, die sie deutlich zum Ausdruck bringen konnte, und zu ihren mörderischen Gefühlen konnte sie sich mit ungewöhnlicher Heftigkeit in Stimmung und Sprache bekennen. [...] Die Beziehung zu ihrem Liebhaber brachte Erfahrungen in Gang und gab ihrem Leben Halt. Sie verhalf ihr nicht nur zu der Einsicht, daß es ihr überlassen bleibt, in sich und für sich Initiativen zu entwickeln.»[9]

## III

Der *Prozeß der Zivilisation*, wie ihn Norbert Elias[10] beschreibt, hat durch die gegenseitige Verflechtung der verschiedenen sozialen Gruppen zu einer Verringerung der Kontraste im Verhalten und zu einer Angleichung an die Standards der Mittelschichten geführt. Insofern betrifft das Zurückdrängen von Triebäußerungen zwar grundsätzlich alle Schichten der bürgerlichen Gesellschaft, einzelne Gruppen allerdings – aus den unterschiedlichen ökonomischen Situationen heraus – in unterschiedlicher Weise: Es betrifft die oberen und mittleren Schichten, die durch ihre Sittlichkeitsmoral und Arbeitsethik um Abgrenzung bemüht sind, stärker als die unteren Schichten, und es betrifft besonders die Frauen, die, auf den privaten Bereich der Familie verwiesen, «in einer chaotischen Welt, die Ideale der Liebe und Reinheit lebendig zu verkörpern»[11] haben.

Regina Schulte beschreibt in ihrer Arbeit über die bürgerliche Doppelmoral das Idealbild der kleinbürgerlichen Frau und Mutter als gesellschaftliches Gegenbild zur Arbeiterin und zur Prostituierten:

«Betrachtet man die kleinen Mädchen auf Familienbildern des wilhelminischen Zeitalters [...], so treten einem immer wieder diese

Engelsgestalten entgegen: weiß und strahlend, das weiße Kleid schon als symbolischer Ausdruck der Unschuld und Unbeflecktheit, welche das Mädchen erst in der Hochzeitsnacht – mit dem weißen Brautkleid – ablegen darf. Dieses Kleid erfüllte zudem auch eine wesentliche Funktion in der Erziehung des kleinen Mädchens, es erzwang die frühe Selbstbeherrschung; nirgends wäre unmädchenhaftes Ungestüm deutlicher zu sehen und zum Tadel zwingender gewesen als in einem Schmutzfleck, der das makellose Weiß stört. Früher Ausdruck der Rolle wie der Klasse, für welche das Mädchen erzogen wurde, war diese äußere Hülle Einübung in das Gefängnis von Selbstzucht und äußere Eitelkeit, die das Bild der Frau verkörperten.»[12]

Der «Schmutzfleck», von dem hier die Rede ist, hat seine doppelte Bedeutung in der kleinbürgerlichen Erziehung der Mädchen bewahrt. Immer noch wirkt die Prostituierte und das mit ihr assoziierte «nuttenhafte» Verhalten als Schreckgespenst jeder kleinbürgerlichen Moral der Entwicklung eines befreiten Körperbewußtseins von Frauen entgegen.

Gespräche, die Constanze Lawrenz und Patricia Orzegowski 1988 mit Teilnehmerinnen der «Sommeruniversität der Frauen» über ihre sexuellen Phantasien geführt haben, machen deutlich, wie stark der Einfluß sexualfeindlicher Erziehung auch heute noch für Frauen der sogenannten «aufgeklärten» intellektuellen Mittelschicht ist.

«Da waren eine Menge moralischer Schranken. Und auch die Angst vor einem Kind; denn wo ich die Pille herkriegen sollte, das wußte ich damals überhaupt nicht. Außerdem hatte ich viel von meinem Bruder mitgekriegt, wie er mit den Frauen rumbumste und rumschlief und die total benutzt hat. Und vor allen Dingen wie er, nachdem er mit einer Frau geschlafen hatte, am nächsten Tag über sie geredet hat. Wie über ein Stück Dreck. Und so eine wollte ich nicht sein. Für mich galt: Schlafen tu ich mit einem Jungen nur, wenn wir so quasi verheiratet sind. Als ich dann später einen richtigen Freund hatte, den Dietmar, hat es über ein Vierteljahr gedauert, bis ich mit ihm geschlafen habe. Und meine Mutter hat diese Liebe dann in den Dreck gezogen, indem sie genauso darüber geredet hat wie über die Beziehungen meines Bruders.»[13]

«Mir hat ein Mädchen auf einer Kinderfreizeit das Küssen beigebracht. Im nachhinein fand ich das schlimm. Dann habe ich meine Erfahrungen an einen Jungen weitergegeben, der hinter mir her war. Das war so scheußlich, so ekelig. Ich konnte den hinterher nicht mehr angucken. Nur das eine Mal, aber es war mir unheimlich peinlich. Der war auch noch in der gleichen Schule, ich habe immer einen Bogen gemacht, wenn ich den gesehen habe. Das hat mich noch jahrelang verfolgt. Das mit dem Mädchen auch. So was macht man nicht, nur weg, bloß nicht dran denken. Dabei war das mit ihr eigentlich ganz schön gewesen.»[14]

Die Einschränkungen körperlicher Ausdrucks- und Erfahrungsmöglichkeiten von Frauen beziehen sich nicht nur auf die Sexualität. Gerade auch im Aggressionsverhalten werden die geschlechtsspezifischen Unterschiede in der Affektmodellierung deutlich. Aggressives Verhalten, besonders körperliche Gewalt, ist so sehr eine männliche Domäne geblieben, daß oft von einem männlichen Aggressionstrieb die Rede ist, der Frauen per Definitionem fehle. Der Frau wird aufgrund der biologischen Funktion der Gebärfähigkeit eine «natürliche Tötungshemmung» zugeschrieben. Sie wird als Verkörperung eines lebensspendenden und -erhaltenden Prinzips einem aggressiven, zerstörerischen männlichen Prinzip gegenübergestellt. Diese biologistische Konstruktion einer Geschlechterdifferenz entkleidet den einzelnen Menschen jeglicher historischer, sozialer und ökonomischer Zusammenhänge und macht Gewalt zu einem biologischen Problem. Der Logik dieses Denkens entspricht es, daß heute in der Gentechnik unter anderem an der Isolierung der für die Aggression zuständigen DNS-Abschnitte geforscht wird.

Die Grundvoraussetzung moderner Naturwissenschaften ist traditionellerweise die Setzung von «Natur» im Gegensatz zu «Kultur». Dabei wird die Natur als auf feststehenden Gesetzmäßigkeiten beruhend und als unveränderlich definiert. Indem Frauen und Männer aufgrund einer auf anatomischen Unterschieden beruhenden unterschiedlichen «Natur» voneinander abgegrenzt werden, wird ihr Verhalten als natürlich – und damit als normal – erst festgeschrieben: Danach empfinden Frauen zärtliche Liebe, Männer dagegen tendenziell aggressive Lust.

Auch wenn Frauen heutzutage das Ausleben sexueller Lust weitgehend zugebilligt wird und die Vorstellung von «weiblicher Natur» mittlerweile das Empfinden sexueller Lust beinhaltet, so ist es doch eine wiederum meist biologisch begründete «irgendwie» andere, spezifisch weibliche Lust. Die französische Psychoanalytikerin Luce Irigaray beispielsweise sieht in der «Berührung» die Grundform einer zeit- und raumlosen weiblichen Erotik, die sie von der, durch den Blick gesteuerten, männlich-aggressiven Geste der Berührung als Aneignung unterscheidet.

«Um diese Lust der Berührung, des sich Berührens, werden die Frauen oft betrogen. Und infolgedessen oft auch noch ihrer primären Eigenerotik beraubt. Aufgrund ihrer sexuellen Konstitution berühren sich die Frauen nämlich fern von aller Masturbation pausenlos selber. Ihre Schamlippen berühren sich von allein, wo der Mann, um Berührung zu haben, die Vagina oder ein anderes ‹Hilfsmittel› braucht. [...] Eine Frau, die in ihrem Körper zu Hause ist, die aus diesem sich selbst Fühlen, sich unentwegt neu Berühren nicht ausgeschlossen ist, kennt Sexualangst kaum. Liebt sie nicht immerzu?»[15]

Sexuelle Aggressivität bleibt in einer solchen autistischen Vorstellung von Weiblichkeit ausgeklammert.

Freud, der in der Entwicklung seiner Theorie zu der Annahme gelangt, daß «die Aggressionsneigung eine ursprüngliche, selbständige Triebanlage des Menschen ist»[16], die er als Todestrieb dem Eros gegenüberstellt, formuliert auch den Widerstand gegen diese Auffassung:

> «Ich erinnere mich meiner eigenen Abwehr, als die Idee des Destruktionstriebs zuerst in der psychoanalytischen Literatur auftauchte, und wie lange es dauerte, bis ich für sie empfänglich wurde. Daß andere dieselbe Ablehnung zeigten und noch zeigen, verwundert mich weniger. Denn die Kindlein, sie hören es nicht gerne, wenn die angeborene Neigung des Menschen zum ‹Bösen›, zur Aggression, Destruktion und damit auch zur Grausamkeit erwähnt wird. Gott hat sie ja zum Ebenbild seiner eigenen Vollkommenheit geschaffen [...].»[17]

Norbert Elias zeigt an zahlreichen Beispielen, daß die Form, in der sich die menschlichen Triebenergien äußern, nicht einer ihnen eigenen «Natürlichkeit» entspricht, sondern immer Ergebnis eines Erziehungsprozesses ist, in dessen Verlauf bestimmte Ausprägungen von Triebäußerungen, die in den jeweiligen gesellschaftlichen Verhältnissen als angemessen gelten, den Einzelnen von klein auf antrainiert werden.[18]

Die geschlechtsspezifische Arbeitsteilung der bürgerlichen Kleinfamilie verlangt von Männern und Frauen eine ihren unterschiedlichen Funktionen entsprechende Affektmodellierung. Sie bietet der männlichen Rolle wesentlich mehr Möglichkeiten, aggressive Triebwünsche in gesellschaftlich legitimierter Form aktiv auszuagieren als der weiblichen – sei es durch die Zugehörigkeit zu einer der

Organisationen, die das staatliche Gewaltmonopol aufrechterhalten, oder in sportlichem und beruflichem Engagement.

Das Aktionsfeld der bürgerlichen Frau liegt in erster Linie im sozialen Beziehungsfeld der Kleinfamilie, deren Mitglieder in einem besonders engen emotionalen Abhängigkeitsverhältnis zueinander stehen. Die Äußerungen aggressiver Impulse werden in diesem Rahmen als besonders bedrohlich empfunden. Aus Angst vor Liebesverlust wird weitgehend darauf verzichtet, sie direkt zu befriedigen. Die Erziehung der Mädchen verlangt daher eine stärkere Repression aggressiver Strebungen als die der Jungen, Aggressionen müssen von ihnen umfassender verdrängt werden und äußern sich als Konflikte in einem starken Schuldbewußtsein.

Frauen besitzen keineswegs grundsätzlich weniger aggressive Neigungen als Männer; aber sie haben gegen stärkere innere Widerstände anzukämpfen, und ihre Aggressionen äußern sich durch ihre bürgerliche Sozialisation in anderen Formen – Formen, die sich dem analysierenden Blick, für den nur ein bestimmtes, männliches Verhalten als aggressiv gilt, entziehen. Der Masochismus ist eine solche Form. Er wird als passiv = weiblich dem Sadismus als aktiv = männlich gegenübergestellt.

Das freiwillige Aufsuchen einer manifest, d. h. bewußt wahrgenommenen, masochistischen Position ist jedoch weder passiv, noch aggressionslos, noch einem bestimmten Geschlecht zuzuordnen. Im Gegenteil: Es stellt den emanzipatorischen Versuch dar, die starren Grenzen der Geschlechtsrollenzuschreibungen aktiv zu durchbrechen.

## IV

In unserer Kultur nimmt die Darstellung von Gewalt einen breiten Raum ein. Auch Bilder, in denen Unterwerfung und Unterdrückung, das Erdulden und Zufügen von Leid gezeigt werden, unterliegen nicht grundsätzlich einer Problematisierung oder gar Ablehnung. Von einer christlichen Märtyrergeschichte bis hin zu einer beliebigen Kriminalstory bieten sich «Täter» wie «Opfer» ständig als Identifikationsfiguren an. Treten in diesen Darstellungen allerdings von der Norm abweichende sexuelle Komponenten in den Vordergrund, werden Ängste geweckt und Abwehrmechanismen in Gang gesetzt, die als Verachtung und Abscheu zum Ausdruck kommen.

Sadomasochistische Inszenierungen werden als besonders bedrohlich erlebt, weil sie an eine Vielzahl – in der kindlichen Entwicklung ursprünglich zusammengehöriger – ambivalenter und widersprüchlicher Triebkomponenten rühren, deren lustvolle Durchsetzung mit Verlustängsten, Schuldgefühlen, narzißtischen Kränkungen, Ohnmacht und Scham verbunden ist. Die Konflikte, die mit diesen verdrängten Triebwünschen verknüpft und unverarbeitet geblieben sind, wirken im Unbewußten fort und gestalten die späteren Erfahrungen mit. Sie beschränken nicht nur die Möglichkeiten einer selbstbestimmten Lebensgestaltung und eines selbstbewußten Umgangs mit dem eigenen Körper und der eigenen Sexualität, sondern lassen sich darüber hinaus auch politisch mißbrauchen, wie z. B. in den Ideologien der guten, selbstlos sich aufopfernden Frau und Mutter.

26

Gerade für Frauen ist es angesichts ihrer geschlechtsspezifischen Sozialisation und sozialen Situation daher besonders wichtig, sich mit diesen Konflikten auseinanderzusetzen.

# Die Romane

# Vorbemerkung

Die konservativ-bürgerliche Auffassung von Kunst ordnet traditionell das Schöne dem Bereich der Gestaltung, das Sexuelle dem der unästhetischen Bedürfnisse und ihrer Befriedigung zu. Karl Rosenkranz schreibt Mitte des 19. Jahrhunderts:

«Alle Darstellung der Scham und der Geschlechtsverhältnisse in Bild und Wort, welche nicht in wissenschaftlicher oder ethischer Beziehung, sondern der Lüsternheit halber gemacht wird, ist obszön und häßlich. [...] alles Phallische, obwohl in der Religion heilig, ist doch, ästhetisch genommen, häßlich.»[20]

Dieser Auffassung folgend werden sexuelle Darstellungen heute in erotische und pornographische unterschieden, wobei als pornographisch die Darstellung des Direkten, Triebhaften bezeichnet wird, das sich in der Erotik hinter geheimnisvollen Verhüllungen zu verbergen hat – die Erotik sich in dem zeigt, was sie nicht zeigt. Wieweit diese Verhüllung gehen muß, damit das Sexuelle als erotischer Reiz zugelassen werden kann, hängt vom moralischen Empfinden der Einzelnen ab, das sich unter dem Einfluß der herrschenden Auffassung dessen, was erlaubt und verboten ist, bildet. Je mehr die Darstellung einer sexuellen Aktivität vom gesellschaftlich akzeptierten Verhalten abweicht, desto stärker stößt sie auf Ablehnung. Sadomasochistische Darstellungen gehören zu den am stärksten tabuisierten Varianten überhaupt. Ihnen wird immer wieder vorgeworfen, Gewalt zu verherrlichen, insbesondere Gewalt gegen Frauen.

> «Pornographie hat nichts mit Sittlichkeit oder sexueller Moral zu tun. Pornographie ist eine Frage der Menschenrechte: der Menschenrechte für Frauen. Denn Pornographie schafft von Frauen ein Bild als Menschen zweiter Klasse, als geborene Opfer: gerade gut genug, benutzt, genommen, vergewaltigt, gefoltert und massakriert zu werden.»[21]

Mit diesen Worten leitet Alice Schwarzer den Emma-Sonderband «PorNo» ein, in dem viel vom «Schmutz» die Rede ist, eine allgemeine «Sexualisierung der Alltagswelt» und die «Vernuttung von Frauen» beklagt wird.

> «Männer haben weder die Fähigkeit noch das Verlangen, zu trennen und zu unterscheiden und wenigstens manche Frauen als ihresgleichen anzuerkennen. Durch diese Ungleichheit werden alle Votzen, Huren, Schlampen, werden alle Frauen gleich – auch die letzte von uns.»[22]

Die «PorNo»-Kampagne unterscheidet nicht zwischen sexueller Gewalt gegen Frauen und dem Ausleben sexueller Phantasien im Ritual. Die berechtigten Bemühungen von Frauen, sich gegen ideologische Rechtfertigungsstrategien zur Wehr zu setzen, denen zufolge eine Vergewaltigung mit Verführung gleichgesetzt wird und die den Frauen unterstellen, sie würden ihren Mißbrauch herausfordern und ihn insgeheim genießen, wird damit zur Aufrechterhaltung einer kleinbürgerlich-konservativen Moral funktionalisiert.

Die Romane *Geschichte der O* und *Neun Wochen und drei Tage* beschreiben Spielarten sadomasochistischer Inszenierungen, die sehr extrem scheinen. Daß sie von Frauen geschrieben worden sind und eine weibliche Position einnehmen, wird als besonders provozierend empfunden. Die Romane gelten immer wieder als exemplarische Beschreibungen der Zerstörung weiblicher Identität durch die Männergesellschaft schlechthin. Maria Marcus sieht beispielsweise in der *Geschichte der O* nicht nur einen masochistischen Wunschtraum, sondern den «Wunschtraum aller Männer in der Männergesellschaft»[23]. Solche Interpretationen tun genau das, was sie den männlichen Akteuren des Romans vorwerfen: Sie reduzieren die weibliche Position auf die eines Objektes, das keinen eigenen Willen hat, und berücksichtigen nicht die gegenseitigen Beziehungsstrukturen.

Um sadomasochistische Phänomene zu verstehen, ist es jedoch notwendig, die Romane erst einmal als das zu nehmen, was sie sind: literarisch gestaltete Phantasien von Frauen. Als solche bilden sie nicht einfach die Erfahrungen und Empfindungen der Autorinnen geradlinig ab, sondern stellen Formen der Verarbeitung dar, die die Leserinnen und Leser mit ihren eigenen verborgenen Wünschen und Ängsten konfrontieren und sie ihnen zu Bewußtsein bringen.

# Geschichte der O

Die *Geschichte der O* wurde zum ersten Mal 1954 unter dem Pseudonym ‹Pauline Réage› in Paris veröffentlicht. Lange Zeit wurde darüber spekuliert, wer diesen Roman geschrieben hat. Heute gilt als gesichert, daß die am 23. September 1907 geborene französische Kritikerin und Übersetzerin Dominique Aury, die wiederum eigentlich Anne Declos heißt, die Autorin ist.[24]

Wie Jean Paulhan in seinem Vorwort bemerkt, gehört die *Geschichte der O*

«ganz offensichtlich zu den Büchern, die ihren Leser prägen – die ihn nicht ganz so zurücklassen, wie sie ihn vorfanden – oder ihn sogar völlig verändern: die von dem Einfluß, den sie ausüben, auf wunderliche Weise selbst erfaßt werden und sich mit dem Leser wandeln».[25]

Die *Geschichte der O* ist ein anstößiger Roman, der bei gleichzeitiger Konkretisierung und Abstraktion verborgene Aspekte alltäglicher Liebesbeziehungen durch die künstlerische Phantasie zu Bewußtsein bringt. Aus der Perspektive einer unbeteiligten Beobachterin wird die Geschichte einer Frau erzählt, die ihre Befriedigung in der totalen Hingabe sucht. Der Roman ist in vier große Abschnitte gegliedert, die die einzelnen Etappen eines Prozesses markieren, in dessen Verlauf sich O aufgrund ihrer neuen Erfahrungen entwickelt und verändert, was sie reflektierend erkennt und bejaht.

## Der Inhalt

Nach einem gemeinsamen Spaziergang wird O von ihrem Geliebten René in einem Taxi zu einem Palais außerhalb von Paris gebracht. Während der Fahrt muß sie ihre Handtasche abgeben und ihre Unterwäsche ausziehen. Sie erhält den Befehl, in das Haus zu gehen und dort allen Anweisungen zu folgen. O gehorcht, ohne zu wissen, was man mit ihr vorhat, und ohne eine Frage zu stellen.

In einer zweiten Version des Anfangs wird O von René und einem seiner Freunde gefesselt und mit verbundenen Augen in dem Palais abgeliefert.

*«Ihr Geliebter führt O eines Tages in einem Stadtviertel spazieren, das sie sonst nie betreten, im Parc Monsouris, im Parc Monceau. An der Ecke des Parks, einer Straßenkreuzung, wo niemals Taxis stehen, sehen sie, nachdem sie im Park spazierengegangen und Seite an Seite am Rand einer Rasenfläche gesessen waren, einen Wagen mit Zähluhr, der einem Taxi gleicht. ‹Steig ein›, sagt er. Sie steigen ein.*
*Der Abend ist nicht mehr fern, und es ist Herbst. Sie ist gekleidet wie immer. Schuhe mit hohen Absätzen, ein Kostüm mit Plisseerock, Seidenbluse, keinen Hut. Aber lange Handschuhe, die über die Ärmel des Kostüms gezogen sind, und sie trägt in*

*ihrer ledernen Handtasche ihre Papiere, Puder und Lippenstift. Das Taxi fährt geräuschlos an, ohne daß der Mann etwas zum Chauffeur gesagt hätte. Er schließt die Schiebevorhänge rechts und links an den Scheiben und hinten am Rückfenster; sie hat ihre Handschuhe ausgezogen, weil sie glaubt, er wolle sie küssen oder sie solle ihn streicheln. Aber er sagt: ‹Du kannst dich nicht rühren, gib deine Tasche her.› Sie gibt die Tasche, er legt sie außerhalb ihrer Reichweite und fährt fort: ‹Und du hast zu viel an. Mach die Strumpfhalter auf, rolle deine Strümpfe bis zum Knie: hier hast du Strumpfbänder.› Es geht nicht ganz leicht, das Taxi fährt schneller, und sie fürchtet, der Chauffeur könne sich umdrehen. Schließlich sind die Strümpfe gerollt, und es stört sie, die Beine nackt und frei unter der Seide ihres Hemds zu spüren. Außerdem rutschen die ausgehakten Strumpfhalter hoch. ‹Nimm den Gürtel ab›, sagt er, ‹und zieh den Slip aus.› Das geht einfach, man braucht nur mit den Händen hinter die Hüften fassen und sich ein bißchen hochstemmen. Er nimmt ihr Gürtel und Slip aus der Hand, legt sie in die Tasche und sagt dann: ‹Du darfst dich nicht auf dein Hemd und auf den Rock setzen, du mußt beides hochziehen und dich direkt auf die Bank setzen.› Die Bank ist mit Kunstleder bezogen, es ist glitschig und kalt, man schaudert, wenn man es an den Schenkeln spürt. Dann befiehlt er ihr: ‹Zieh jetzt deine Handschuhe wieder an.› Das Taxi fährt noch immer, und sie wagt nicht zu fragen, warum René sich nicht rührt und nichts mehr sagt, noch was es für ihn bedeuten kann, daß sie reglos und stumm, so entblößt und so ausgesetzt, so wohl-behandschuht, in einem schwarzen Wagen sitzt und nicht weiß, wohin sie fährt. Er hat ihr nichts befohlen und nichts verboten, doch sie wagt weder die Beine überzuschlagen noch die Knie zu* schließen. Sie hat die beiden behandschuhten Hände rechts und links auf den Sitz gestützt.

‹Voilà› sagte er plötzlich. Voilà: das Taxi hält in einer schönen Allee, unter einem Baum – es sind Platanen – vor einem kleinen Palais, ähnlich den kleinen Palais am Faubourg Saint-Germain, das man zwischen Hof und Garten mehr ahnt als sieht. Die Straßenlaternen sind ein Stück entfernt, es ist dunkel im Wagen, und draußen regnet es. ‹Halt still›, sagt René. ‹Halt ganz still.› Er streckt die Hand nach dem Kragen ihrer Bluse aus, öffnet die Schleife, dann die Knöpfe. Sie beugt den Oberkörper ein wenig vor, sie glaubt, er wolle ihre Brüste streicheln. Nein. Er tastet nur, faßt und durchschneidet mit einem Taschenmesser die Träger des Büstenhalters und zieht ihn ihr aus. Unter der Bluse, die er wieder geschlossen hat, sind jetzt ihre Brüste frei und nackt, wie ihr Leib nackt und frei ist von der Taille bis zu den Knien.

‹Hör zu›, sagt er. ‹Es ist soweit. Ich lasse dich jetzt allein. Du steigst aus und klingelst an der Tür. Du folgst der Person, die dir öffnet, du tust alles, was man von dir verlangt. Wenn du nicht sofort hineingehst, wird man dich holen, wenn du nicht sofort gehorchst, wird man dich zwingen zu gehorchen. Deine Tasche? Nein, du brauchst deine Tasche nicht mehr. Du bist weiter nichts als das Mädchen, das ich anliefere. Doch, doch, ich werde dort sein. Geh!›

Eine andere Version des gleichen Anfangs war brutaler und simpler: die junge Frau war, ebenso gekleidet, von ihrem Geliebten und einem seiner Freunde, den sie nicht kannte, im Wagen mitgenommen worden. Der Unbekannte saß am Steuer, der Geliebte neben der jungen Frau, und diesmal sprach der Freund, der Unbekannte, und erklärte der jungen Frau, daß ihr Geliebter den Auftrag habe, sie vorzubereiten, daß er ihr die

*Hände auf den Rücken binden werde, oberhalb der Handschu-*
*he, ihre Strümpfe aushaken und herunterrollen, ihr den*
*Strumpfgürtel ausziehen, den Slip und den Büstenhalter, und*
*ihr die Augen verbinden werde. Daß sie dann im Schloß abge-*
*liefert werde. Wo man sie jeweils anweisen werde, was sie zu*
*tun habe. Nachdem sie wie besprochen entkleidet und gefesselt*
*worden war, half man ihr nach einer halbstündigen Fahrt aus*
*dem Wagen, führte sie einige Stufen hinauf, dann mit verbun-*
*denen Augen durch ein paar Türen, und als die Binde*
*abgenommen wurde, fand sie sich allein in einem dunklen*
*Zimmer, wo man sie eine halbe Stunde warten ließ oder eine*
*Stunde oder zwei, ich weiß nicht, wie lange, aber es war eine*
*Ewigkeit. Als dann endlich die Tür geöffnet wurde und das*
*Licht anging, sah sie, daß sie in einem ganz gewöhnlichen und*
*behaglichen Raum gewartet hatte, der dennoch eigenartig war:*
*mit einem dicken Teppich auf dem Boden, aber ohne ein Mö-*
*belstück, rundum Wandschränke. Zwei Frauen hatten die Tür*
*geöffnet, zwei junge und hübsche Frauen, gekleidet wie hüb-*
*sche Zofen des 18. Jahrhunderts: mit langen, leichten und*
*gebauschten Röcken, die die Füße bedeckten, mit engen Mie-*
*dern, die den Busen hochschoben und vorne geschnürt oder*
*gehakt waren, und mit Spitzen am Ausschnitt und an den*
*halblangen Ärmeln. Augen und Mund geschminkt. Jede trug*
*ein enges Halsband und enge Armbänder um die Handgelenke.*
*Ich weiß nun, daß sie O die Hände losbanden, die noch immer*
*hinter ihrem Rücken gefesselt waren, und ihr sagten, daß sie*
*sich ausziehen müsse und daß man sie baden und schminken*
*werde.» (S. 17-19)*[26]

Das Haus, das von einer Gruppe wohlhabender Männer
unterhalten wird, ist in einem mittelalterlichen Stil einge-

richtet und dient der rituellen Unterwerfung der zu diesem Zweck dort abgelieferten Frauen.

*«Sie durchschritten ein Vorzimmer, zwei Salons und kamen in die Bibliothek, wo vier Männer beim Kaffee saßen. Sie trugen die gleichen wallenden Gewänder wie der erste, aber keine Masken. Doch O hatte nicht Zeit, ihre Gesichter zu sehen und festzustellen, ob ihr Geliebter unter ihnen sei (er war unter ihnen), denn einer der vier richtete den Strahl einer Lampe auf sie, die sie blendete. Alle Anwesenden verhielten sich regungslos, die beiden Frauen rechts und links von ihr und die Männer vor ihr, die sie musterten. Dann erlosch die Lampe; die Frauen entfernten sich. Man hatte O aufs neue die Augen verbunden. Nun mußte sie näher kommen, sie schwankte ein bißchen und spürte, daß sie vor dem Kaminfeuer stand, an dem die vier Männer saßen: sie fühlte die Hitze, sie hörte die Scheite leise in der Stille knistern. Sie stand mit dem Gesicht zum Feuer. Zwei Hände hoben ihren Umhang hoch, zwei weitere glitten an ihren Hüften entlang, nachdem sie sich überzeugt hatten, daß die Armreifen festgemacht waren: sie trugen keine Handschuhe und einer von ihnen drang von beiden Seiten zugleich in sie ein, so abrupt, daß sie aufschrie. Ein Mann lachte. Ein anderer sagte: ‹Drehen Sie sich um, damit man die Brüste und den Leib sieht.› Sie mußte sich umdrehen, und die Hitze des Feuers schlug jetzt an ihre Lenden. Eine Hand ergriff eine ihrer Brüste, ein Mund packte die Spitze der anderen. Plötzlich verlor sie das Gleichgewicht und taumelte nach rückwärts; sie wurde aufgefangen, von welchem Arm? während jemand ihre Beine öffnete und sanft die Lippen auseinanderzog; Haare strichen über die Innenseite ihrer Schenkel. Sie hörte jemanden sagen, man müsse sie niederknien lassen. Was auch geschah. Das*

Knien tat ihr sehr weh, zumal man ihr verbot, die Knie zu
schließen und ihre Hände so auf den Rücken gebunden waren,
daß sie sich vorbeugen mußte. Nun erlaubte man ihr, sich zu-
rücksinken zu lassen, bis sie fast auf den Fersen saß, wie es die
Nonnen tun. ‹Sie haben sie nie angebunden? – Nein, nie. –
Auch nicht gepeitscht? – Auch das nie. Sie wissen ja...› Diese
Antworten kamen von ihrem Geliebten. ‹Ich weiß›, sagte die
andere Stimme. ‹Wenn man sie nur gelegentlich anbindet,
wenn man sie nur ein bißchen peitscht, könnte sie Geschmack
daran finden, und das wäre falsch. Man muß über den Punkt
hinausgehen, wo es ihr Spaß macht, man muß sie zum Weinen
bringen.› Einer der Männer befahl O jetzt aufzustehen, er
wollte gerade ihre Hände losbinden, zweifellos, damit man sie
an einen Pfosten oder eine Mauer fesseln könnte, als ein anderer protestierte, er wolle sie zuerst nehmen und zwar sofort – so
daß man sie wieder niederknien ließ, aber diesmal mußte sie,
noch immer mit den Händen auf dem Rücken, den Oberkörper
auf den Puff legen und die Hüften hochrecken. Der Mann
packte mit beiden Händen ihre Hüften und drang in ihren Leib
ein. Er überließ seinen Platz einem zweiten. Der dritte wollte
sich an der engsten Stelle einen Weg bahnen und ging so brutal
vor, daß sie aufschrie. Als er von ihr abließ, glitt sie, stöhnend
und tränennaß unter ihrer Augenbinde, zu Boden: nur um zu
spüren, daß Knie sich gegen ihr Gesicht preßten und auch ihr
Mund nicht verschont würde. Schließlich blieb sie, hilflos auf
dem Rücken, in ihrem Purpurmantel vor dem Feuer liegen. Sie
hörte, wie Gläser gefüllt und ausgetrunken, wie Sessel gerückt
wurden. Im Kamin wurde Holz nachgelegt. Plötzlich nahm
man ihr die Augenbinde ab. Der große Raum mit den Büchern
an den Wänden war schwach erleuchtet durch eine Lampe auf
einer Konsole und durch den Schein des Feuers, das wieder

aufflammte. *Zwei Männer standen und rauchten. Ein dritter saß, eine Peitsche auf den Knien, und der vierte, der sich über sie beugte und ihre Brust streichelte, war ihr Geliebter. Aber alle vier hatten sie genommen, und sie hatte ihn nicht von den anderen unterscheiden können.*

*Man erklärte ihr, daß es immer so sein werde, so lange sie sich im Schloß aufhalte, daß sie die Gesichter der Männer nicht sehen werde, die sie vergewaltigen oder foltern würden, niemals jedoch bei Nacht, und daß sie niemals wissen werde, wer ihr das Schimmste angetan hatte. Desgleichen wenn sie gepeitscht würde, nur wolle man dann, daß sie sehen könne, wie sie gepeitscht wurde, daß sie also zum erstenmal keine Augenbinde tragen werde, daß die Männer dagegen ihre Masken anlegen würden und sie sie nicht unterscheiden könne. Ihr Geliebter hatte sie aufgehoben und in ihrem roten Umhang auf die Armlehne eines Sessels an der Kaminecke gesetzt, damit sie hören sollte, was man ihr zu sagen hatte und sehen sollte, was man ihr zeigen wollte. Sie hatte noch immer die Hände auf dem Rücken. Man zeigte ihr den Reitstock, der schwarz war, lang und dünn, aus feinem Bambus, mit Leder bezogen, wie man sie in den Auslagen der großen Ledergeschäfte sieht; die Lederpeitsche, die der erste der Männer, den sie gesehen hatte, im Gürtel trug, sie war lang, bestand aus sechs Riemen mit je einem Knoten am Ende; dann eine dritte Peitsche aus sehr dünnen Schnüren, die an den Enden mehrere Knoten trugen und ganz steif waren, als hätte man sie in Wasser eingeweicht, was auch der Fall war, wie sie feststellen konnte, denn man berührte damit ihren Schoß und spreizte ihre Schenkel, damit sie besser fühlen könne, wie feucht und kalt die Schnüre sich auf der zarten Haut der Innenseite anfühlen. Blieben noch auf der Konsole stählerne Ketten und Schlüssel. An einer Wand* der Bibliothek lief in halber Höhe eine Galerie, die von zwei Säulen getragen wurde. In eine Säule war ein Haken eingelassen, in einer Höhe, die ein Mann auf Zehenspitzen mit gestrecktem Arm erreichen konnte. Man sagte O, die ihr Geliebter in die Arme genommen hatte, eine Hand unter ihren Schultern und die andere, die sie verbrannte, zwischen ihren Schenkeln, um sie zum Nachgeben zu zwingen, man sagte ihr, daß man ihre gefesselten Hände nur löse, um sie sogleich, mittels der Armreifen und einer der Stahlketten, an diesen Pfeiler zu binden. Daß aber nur die Hände über ihrem Kopf festgehalten würden, sie sich aber sonst frei bewegen könne und die Schläge kommen sähe. Daß man im allgemeinen nur Hüften und Schenkel peitsche, also von der Taille bis zu den Knien, genauso, wie sie im Wagen, der sie hierhergebracht hatte, vorbereitet worden sei, als sie sich nackt hatte auf die Bank setzen müssen. Daß jedoch einer der vier anwesenden Männer vielleicht Lust haben werde, ihre Schenkel mit dem Reitstock zu zeichnen, was schöne lange und tiefe Striemen gebe, die man lange sehen werde. Es werde ihr nicht alles zugleich angetan werden, sie werde schreien können, soviel sie wolle, sich winden und weinen. Man werde sie Atem schöpfen lassen, aber weitermachen, sobald sie wieder Kräfte gesammelt habe, wobei die Wirkung nicht nach ihren Schreien oder Tränen beurteilt werde, sondern nach den mehr oder minder lebhaften und anhaltenden Spuren, die die Peitschen auf ihrer Haut zurücklassen würden. Man wies sie darauf hin, daß diese Methode, die Wirkung der Schläge zu beurteilen, nicht nur gerecht sei und alle Versuche der Opfer, durch übertriebenes Stöhnen Mitleid zu wecken, nichtig mache, sondern darüber hinaus auch erlaube, die Peitsche außerhalb des Schlosses anzuwenden, im Park, was häufig geschehe, oder in irgendeiner

*Wohnung oder einem beliebigen Hotelzimmer, vorausgesetzt*
*natürlich, daß man einen Knebel verwende (den man ihr so-*
*gleich zeigte), der nur den Tränen freien Lauf läßt, aber alle*
*Schreie erstickt und kaum ein Stöhnen erlaubt. An diesem*
*Abend jedoch sollte der Knebel nicht verwendet werden, im*
*Gegenteil. Sie wollten O brüllen hören, und so schnell wie*
*möglich. Der Stolz, den sie darein setzte, sich zu beherrschen*
*und zu schweigen, hielt nicht lange an: sie hörten sie sogar*
*betteln, man möge sie losbinden, einen Augenblick einhalten,*
*nur einen einzigen. Sie wand sich so konvulsivisch, um dem*
*Biß der Lederriemen zu entgehen, daß sie sich vor dem Pfosten*
*beinahe um die eigene Achse drehte, denn die Kette, die sie fes-*
*selte, war lang und daher nicht ganz straff. Die Folge war, daß*
*ihr Bauch und die Vorderseite der Schenkel und die Seiten bei-*
*nahe ebenso ihr Teil abbekamen wie die Lenden. Man entschloß*
*sich nun, einen Augenblick aufzuhören und erst wieder anzu-*
*fangen, nachdem ein Strick um ihre Taille und zugleich um den*
*Pfosten geschlungen worden war. Da man den Strick fest an-*
*zog, damit der Körper in der Mitte gut am Pfosten anlag, war*
*der Oberkörper notwendig ein wenig zur Seite gebeugt, so daß*
*auf der anderen Seite das Hinterteil stärker hervortrat. Von*
*nun an verirrten die Hiebe sich nicht mehr, es sei denn mit*
*Absicht. Nach der Art und Weise zu urteilen, wie ihr Geliebter*
*sie ausgeliefert hatte, hätte O sich denken können, daß ein Ap-*
*pell an sein Mitleid die beste Methode sein würde, seine*
*Grausamkeit zu verdoppeln, daß er größtes Vergnügen daran*
*finden würde, ihr diese unzweifelhaften Beweise seiner Macht*
*zu entreißen oder entreißen zu lassen. Tatsächlich war er der-*
*jenige, der als erster bemerkte, daß die Lederpeitsche, unter der*
*sie zuerst gestöhnt hatte, sie weit weniger zeichnete als die*
*eingeweichte Schnur der neunschwänzigen Katze und der*

Reitstock, und daher erlaube, die Qual zu verlängern und mehrmals von neuem anzufangen, fast unverzüglich, wenn man Lust dazu hatte. Er bestand darauf, daß man nur noch diese Peitsche verwendete. Verführt von diesem hingereckten Hinterteil, das sich unter den Schlägen wand und sich in dem Bemühen, ihnen auszuweichen, nur um so mehr aussetzte, verlangte nun derjenige der vier, der an den Frauen nur das liebte, was sie mit den Männern gemeinsam haben, daß man ihm zuliebe eine Pause einlegen solle, und er teilte die beiden Hälften, die unter seinen Händen brannten, und drang nicht ohne Mühe ein, wobei er die Überlegung anstellte, daß man diese Pforte leichter zugänglich machen müsse. Man kam überein, daß das zu machen sei und daß man entsprechende Maßnahmen ergreifen werde.

Als man die junge Frau, die unter ihrem roten Mantel taumelte und beinahe ohnmächtig war, schließlich losband, sollte sie, ehe sie in die ihr zugewiesene Zelle geführt würde, im einzelnen die Regeln hören, die sie während ihres Aufenthalts im Schloß und auch noch nach ihrer Rückkehr ins alltägliche Leben (was übrigens nicht die Rückkehr in die Freiheit bedeutete) befolgen müßte; man setzte sie in einen großen Sessel am Feuer und klingelte. Die beiden jungen Frauen, die sie empfangen hatten, brachten die Kleidung für ihren Aufenthalt und die Dinge, die sie allen kenntlich machen würden, die schon vor ihrer Ankunft Gäste des Schlosses gewesen waren oder es nach ihrem Weggang sein würden. Das Kostüm war dem der beiden Frauen ähnlich: über einem fischbeinverstärkten und in der Taille rigoros geschnürten Mieder und über einem gestärkten Rock und einem Oberteil, das die Brüste, die das Korsett hochschob, fast freiließ, kaum mit Spitzen verhüllte. Der Unterrock war weiß, Mieder und Kleid aus meergrüner Seide, die Spitzen wieder weiß. Als O angekleidet war und wieder im Sessel am Feuer saß, noch blasser durch das blasse Grün, gingen die beiden Frauen, die kein Wort gesprochen hatten. Einer der vier Männer packte die eine im Vorbeigehen, bedeutete der anderen, zu warten, führte die erste zu O hin, ließ sie sich umdrehen, umfaßte mit einer Hand ihre Taille und hob ihr mit der anderen die Röcke hoch, um O zu zeigen, so sagte er, warum sie dieses Kostüm trugen und wie gut es durchdacht sei; er fügte hinzu, man könne diesen Rock mittels eines einfachen Gürtels so hoch schürzen, wie man wollte, wodurch mühelos zugänglich wurde, was man auf diese Weise entblößte. Außerdem lasse man die Frauen häufig im Schloß oder im Park so hochgeschürzt herumgehen oder mit vorn, ebenfalls bis zur Taille, hochgerafften Röcken. Man ließ O von der jungen Frau zeigen, wie sie ihren Rock befestigen müsse: mehrmals aufgerollt (wie eine Haarsträhne auf einem Lockenwickler), in einen engen Gürtel gesteckt, genau vorn in der Mitte, wenn der Leib entblößt werden sollte, oder genau in der Mitte des Rückens, um die Lenden zu entblößen. Im einen wie im anderen Fall fielen Unterrock und Rock in Kaskaden reicher Schrägfalten von der Mitte zu Boden. Wie O hatte die junge Frau frische Striemen quer über die Lenden. Sie ging hinaus.

Danach bekam O folgende Ansprache zu hören: ‹Sie stehen hier ganz im Dienst ihrer Gebieter. Tagsüber verrichten Sie die Pflichten, die Ihnen aufgetragen werden, Hausarbeiten wie Bücher abstauben oder ordnen oder Blumen arrangieren oder bei Tisch aufwarten. Keine schwereren Arbeiten. Aber Sie werden stets aufs erste Wort, auf das erste Zeichen hin jede Tätigkeit unterbrechen, um Ihren einzigen wirklichen Zweck zu erfüllen, nämlich uns zu Willen zu sein. Ihre Hände gehören Ihnen nicht, auch nicht Ihre Brüste, vor allem nicht irgendein

*Zugang Ihres Körpers, wir können Sie nach Belieben visitieren und in Sie eindringen. Als ein Zeichen, das Ihnen ständig gegenwärtig machen soll, oder doch so gegenwärtig wie möglich, daß Sie kein Recht mehr haben sich zu entziehen, werden Sie in unserer Gegenwart niemals völlig die Lippen schließen noch die Beine kreuzen oder die Knie zusammenpressen [...]»* (S. 21-26)

Während ihres vierwöchigen Aufenthalts in diesem Schloß unterwirft sich O aus Liebe zu René allen ihr auferlegten Geboten, die ihr jedes Recht auf ihren eigenen Körper entziehen, in *«freudigem Einverständnis».* (S. 38) Sie ist selber erstaunt darüber, daß *«soviel Leichtigkeit sich in ihr mit dem Grauen mischte oder warum das Grauen ihr so leicht war».* (S. 31) Je mehr O gepeitscht, gedemütigt und prostituiert wird, desto stärker fühlt sie die wachsende Sensibilität ihres Körpers, der ihr jetzt viel schöner, gleichsam veredelt erscheint, und sie fühlt eine innere Ruhe und Würde in sich wachsen.

*«Die Blicke, die Hände, die Körper, die sie besudelten, die Peitschen, die sie zerfleischten, versetzten sie in einen rauschhaften Zustand der Selbstvergessenheit, der wieder in die Liebe mündete, sie vielleicht sogar in die Nähe des Todes führte.»* (S. 42-43)
*«Unglaublich, daß sie an Würde gewonnen haben sollte, weil sie prostituiert wurde, und doch stimmte es. Sie strahlte Würde aus [...]»* (S. 46)

Am Ende ihres Aufenthalts verbringt O eine unbestimmte Zeit im Kerker des Schlosses, wo sie während der

Martern, denen sie ausgesetzt ist, jegliches Gefühl für Zeit und Realität verliert. Schließlich wird sie von René nach Paris zurückgebracht. Sie verläßt das Schloß wie in einem Traum. Als Zeichen ihres Besuches trägt sie einen goldverzierten Eisenring, der sie den Eingeweihten kenntlich macht.

Nach Paris zurückgekehrt, beginnt für O eine Art Doppelleben. Sie arbeitet weiter in ihrem Beruf als Modefotografin, wobei der «Zustand» der Nacktheit unter der bürgerlichen Kleidungshülle verborgen liegt – die Gebote des Schlosses gelten auch weiterhin. Obwohl äußerlich nichts zu erkennen ist, spüren die Kolleginnen doch die Veränderung ihres Wesens.

*«Auf den ersten Blick konnte niemand sagen, woran es lag, aber jeder empfand es sofort, und je länger man sie beobachtete, um so mehr war man davon überzeugt. Sie hielt sich gerade, ihr Blick war klarer geworden, aber das Auffallendste war ihre Fähigkeit, völlig regungslos zu verharren und die Gehaltenheit aller Gesten.» (S. 58)*

Bei ihrer Arbeit im Atelier erregt Jacqueline, eines der Modelle, O's Aufmerksamkeit. O wünscht sich Jacqueline zur Geliebten, und während sie ihr «Objekt» durch das Objektiv der Kamera betrachtet, vergleicht sie dessen Aufmachung unwillkürlich mit der der Frauen in Roissy. Später wird O auf Anweisung ihrer Gebieter dabei helfen, Jacqueline nach Roissy zu bringen.

In ihrem Privatleben stellt O ihr Verhalten ganz unter den Willen ihres Geliebten:

«*Als erstes sagte er ihr, sie dürfe nicht glauben, daß sie von jetzt an wieder frei sei. Es stehe ihr allerdings frei, ihn nicht mehr zu lieben und ihn auf der Stelle zu verlassen. Wenn sie ihn aber liebe, sei sie in nichts mehr frei. Sie hörte ihm wortlos zu, dachte, wie glücklich sie darüber sei, daß er sich, auf welche Weise auch immer, beweisen wolle, wie sehr sie ihm gehöre, und daß es ein wenig naiv von ihm sei, anzunehmen, diese Hörigkeit bedürfe überhaupt eines Beweises.*» (S. 54)

Eines Tages macht René O mit dem Engländer Sir Stephen bekannt, der sich als der Stiefbruder Renés, mit dem er allen Besitz teile, vorstellt. Und wie in einem Eid wird O das Einverständnis abgenommen, Sir Stephen ebenso als Gebieter anzuerkennen wie René.

«*Die beiden Männer waren ihr zugewandt. René rauchte, hatte jedoch neben sich eine rauchverzehrende, schwarzbeschirmte Lampe angezündet, und die bereits durch das Holzfeuer gereinigte Luft roch nach der Frische der Nacht. ‹Werden Sie mir antworten, oder wollen Sie erst noch mehr wissen?› fragte Sir Stephen. – Wenn du einwilligst, sagte René, erkläre ich dir Sir Stephens Neigungen. – ‹Forderungen›, korrigierte Sir Stephen. Das Schwerste, sagte sich O, war nicht, einzuwilligen, und sie wußte, daß keinem der beiden, so wenig wie ihr selbst, auch nur eine Sekunde der Gedanke kam, sie könne sich weigern. Das Schwerste war, überhaupt zu sprechen. Ihre Lippen brannten, und ihr Mund war trocken, ohne Speichel, ein Gefühl aus Furcht und Verlangen schnürte ihr die Kehle zu und ihre Hände, die sie jetzt wieder spürte, waren kalt und feucht. Hätte sie wenigstens die Augen schließen dürfen! Aber nein. Zwei*

*Blicke, denen sie sich nicht entziehen konnte – gar nicht ent-*
*ziehen wollte –, hielten den ihren fest. Sie führten O wieder hin*
*zu dem, was sie glaubte, für lange Zeit, vielleicht für immer in*
*Roissy gelassen zu haben. Denn seit ihrer Rückkehr hatte René*
*sich auf die bloße Berührung ihres Körpers beschränkt, und*
*niemand hatte von dem Recht Gebrauch gemacht, das ihr Ring,*
*Symbol der Hörigkeit, jedem einräumte, der sein Geheimnis*
*kannte. Entweder war sie mit niemandem zusammengekom-*
*men, der es gekannt hatte, oder die Betreffenden hatten*
*geschwiegen – [...] Würde sie sprechen können, wenn sie sich*
*bewegte? Aber sie konnte sich nicht aus eigenem Antrieb be-*
*wegen – ein Befehl hätte sie sofort auf die Beine gebracht, doch*
*diesmal sollte sie nicht einem Befehl gehorchen, sie sollte allen*
*Befehlen zuvorkommmen, sich selbst zur Sklavin machen, sich*
*sklavisch ausliefern. Das nannten sie ihr Einverständnis. Sie*
*erinnerte sich, zu René nie etwas anderes gesagt zu haben als*
*‹Ich liebe dich› und ‹Ich gehöre dir›. Anscheinend sollte sie*
*heute sprechen, sollte in allen Einzelheiten und ausdrücklich*
*akzeptieren, was sie bisher einzig durch ihr Schweigen akzep-*
*tiert hatte. Endlich richtete sie sich auf, öffnete die obersten*
*Schließen ihrer Tunika bis zum Ansatz der Brüste, als ob das,*
*was sie zu sagen hatte, sie erstickte. Dann stand sie ganz auf.*
*Ihre Knie und Hände zitterten. ‹Ich gehöre dir›, sagte sie*
*schließlich zu René, ‹ich werde sein, was du willst, das ich sein*
*soll.› – ‹Nein›, sagte er: ‹uns; sprich mir nach: ich gehöre euch,*
*ich werde sein, was ihr wollt, daß ich sein soll.› Sir Stephens*
*harte graue Augen ließen sie nicht los, so wenig wie Renés*
*Augen, in denen sie sich verlor, während sie langsam die Sätze*
*nachsprach, die er ihr vorsagte, und dabei das Ganze, wie bei*
*einer Grammatikübung, in die erste Person übertrug. ‹Du er-*
*kennst mir und Sir Stephen das Recht zu...› sagte René, und O*

*wiederholte so klar sie konnte: ‹Ich erkenne dir und Sir Stephen das Recht zu...› Das Recht, über ihren Körper zu verfügen, wo immer und wie immer sie wollten, das Recht, sie wie eine Sklavin auszupeitschen für das geringste Vergehen oder zu ihrem Vergnügen, das Recht, Flehen und Schreie, falls man sie zum Schreien brächte, nicht zu beachten. ‹Sir Stephen wünscht›, sagte René, ‹daß ich dich ihm übereigne, daß du selbst dich ihm übereignest und daß ich dir seine Forderungen im einzelnen darlege.› O hörte ihrem Geliebten zu, und die Worte, die er zu ihr in Roissy gesprochen hatte, kamen ihr wieder ins Gedächtnis: es waren fast die gleichen gewesen. Aber als sie damals diesen Worten gelauscht hatte, war sie an ihn gepreßt gewesen, geschützt von einer Unwahrscheinlichkeit, die an einen Traum grenzte, von dem Gefühl, daß sie in einer anderen Existenz lebte, daß sie vielleicht überhaupt nicht lebte. Traum oder Alptraum, Kerkerszenerie, Galagewänder, maskierte Personen, alles distanzierte sie von ihrem eigenen Leben, sogar die Zeit war aufgehoben. Sie fühlte sich dort, wie man sich in der Nacht fühlt, mitten in einem Traum, den man wiedererkennt und der immer wiederkehrt: überzeugt, daß er existiert und überzeugt, daß er enden wird, und man sehnt dieses Ende herbei aus Furcht, ihn nicht länger ertragen zu können und wünscht zugleich, daß er weitergehe, um die Lösung zu erfahren. Nun war die Lösung erfolgt, die sie nicht mehr erwartet hatte in einer Form, die sie am wenigsten erwartet hätte (vorausgesetzt, so sagte sie sich jetzt, daß dies wirklich die Lösung war, daß sich nicht eine andere dahinter verbarg und vielleicht eine dritte hinter dieser nächsten). Diese Lösung bedeutete, daß sie aus der Erinnerung in die Gegenwart stürzte, bedeutete auch, daß alles das, was nur in einem geschlossenen Kreis, in einem geschlossenen Universum Wir-*

*klichkeit besessen hatte, nun plötzlich auf alle Zufälle und Gewohnheiten ihres täglichen Lebens übergreifen würde, sich an ihr und in ihr nicht mehr mit Symbolen begnügen – die nackten Lenden, die Mieder zum Aufhaken, den Eisenring –, sondern Erfüllung fordern würde.» (S. 66-68)*

O erkennt in Sir Stephen sofort ihren wahren Gebieter, der sie bewundert und begehrt, jedoch ohne sie zu lieben, und den sie selber gleichermaßen fürchtet und begehrt, und zwar um so stärker, je gleichgültiger und beherrschter er sich in ihrer Gegenwart verhält. Sir Stephen seinerseits erkennt sofort O's «Lüsternheit», ihr Verlangen, allen Männern zu gehören, die sie begehren (vgl. S. 74). Es kommt zu einem Machtkampf zwischen O und Sir Stephen, in dem Sir Stephen die Anerkennung seines Willens fordert, während O gegen seine Gleichgültigkeit und Verachtung ankämpft. Aus diesem Kampf entwickelt sich schließlich ein auf gegenseitiger Achtung und Liebe beruhendes Verhältnis von «Herr» und «Sklavin».

Im weiteren Verlauf der Geschichte bringt Sir Stephen O zu Ann-Marie, einem weiblichen Mitglied des geheimen Bundes, die, mit O's Einverständnis, eine dauerhafte Kennzeichnung an O vornehmen soll, neben der die Spuren der Peitsche *«diskret und flüchtig» (S. 99)* wirken würden.

In Samois, einem abgelegenen Landhaus, wird O Ann-Marie zur Vorbereitung übergeben. Neben O befinden sich noch drei weitere «Mädchen» im Haus. Täglich werden durch das Los zwei der «Mädchen» ermittelt, von denen das eine das andere in einem eigens dafür eingerichteten, schalldichten Raum auspeitscht. Nach der Auspeitschung bleibt die Ausgepeitschte noch eine Weile «ausgestellt» liegen. Abends wird immer ein «Mädchen» von Ann-Marie ausgewählt, die Nacht mit ihr zu verbringen. Von diesen Ritualen abgesehen kann der Tag frei gestaltet werden.

O fürchtet die Martern, ist aber, wenn sie sie erlitten hat, stolz und glücklich. Sie entdeckt auch, daß es ihr Freude und Lust bereitet, selber zu peitschen.

Als Kennzeichen wird O ein nicht wieder zu öffnender Ring an einer Schamlippe befestigt. An ihm befindet sich eine Kette mit einem Plättchen, auf dem der Name Sir Stephens, ihr eigener Name und darunter, über Kreuz, eine Peitsche und ein Reitstock eingraviert sind. Danach werden O die Initialen Sir Stephens mit zwei glühenden Eisen auf ihrem Hintern eingebrannt. *«Diese Eisen und diese Zeichen erfüllten O mit unsinnigem Stolz.» (S. 127)* Jetzt hat sie nicht mehr den Wunsch, ihren Zustand zu verbergen, sondern ist begierig darauf, sich Jacqueline, die inzwischen bei ihr wohnt, zu zeigen.

Bevor O nach Roissy zurückkehren soll, verbringt sie den Sommer zusammen mit Sir Stephen, René, Jacqueline und Natalie, deren kleiner Schwester, in einem Haus am Meer. Jacqueline hat inzwischen den Zustand von O bemerkt und von ihrem Aufenthalt in Roissy erfahren. Sie reagierte mit Abscheu, aber auch Neugier, und als O ihr ankündigte, daß auch sie, Jacqueline, nach Roissy gebracht werden würde, zeigt sie durchaus Interesse.

*«O begriff nicht mehr, daß sie jemals Bedenken haben konnte, Jacqueline von dem zu sprechen, was René zu Recht ihre wahre Situation nannte. Anne -Marie hatte ihr wohl gesagt, sie werde verändert sein, wenn sie ihr Haus verlasse. Aber nie hätte sie*

*geglaubt, daß sie so völlig anders sein könnte. Es erschien ihr*
*nur natürlich, sich vor der noch strahlender, noch frischer zu-*
*rückgekehrten Jacqueline nicht mehr wie früher zu verstecken,*
*wenn sie badete oder sich anzog. Doch Jacqueline schenkte al-*
*lem, was nicht sie selbst betraf, so wenig Interesse, daß sie auch*
*weiterhin nichts bemerkt hätte, wäre sie nicht am zweiten Tag*
*nach ihrer Rückkehr zufällig genau in dem Augenblick ins Ba-*
*dezimmer gegangen, als O aus dem Wasser und über den Rand*
*der Badewanne stieg und die Eisenringe an ihrem Schoß gegen*
*das Emaille klirrten. Dieses ungewohnte Geräusch erregte ihre*
*Aufmerksamkeit. Sie wandte den Kopf und sah gleichzeitig die*
*Scheibe, die zwischen O's Beinen baumelte, und die Quer-*
*streifen, die sich über Schenkel und Brüste zogen. ‹Was hast du*
*denn da?›, sagte sie. ‹Das war Sir Stephen›, erwiderte O, und*
*wie etwas ganz Selbstverständliches fügte sie hinzu: ‹René hat*
*mich ihm geschenkt, und er hat mir eine Plakette mit seinem*
*Namen anschmieden lassen. Schau her.› Und während sie sich*
*mit dem Bademantel abtrocknete, trat sie so nahe vor Jacqueline*
*hin, die sich vor Staunen auf den lackierten Hocker gesetzt*
*hatte, daß Jacqueline die Scheibe in die Hand nehmen und die*
*Inschrift lesen konnte; dann ließ sie den Bademantel herabglei-*
*ten, drehte sich um und deutete mit der Hand auf das S und das*
*H, das ihre Lenden höhlte, und sagte: ‹Er hat mich auch mit*
*seinen Initialen zeichnen lassen. Das übrige, das kommt von*
*der Reitpeitsche. Gewöhnlich peitscht er mich selbst, aber*
*manchmal läßt er mich auch von seiner schwarzen Dienerin*
*auspeitschen.› Jacqueline starrte O an, ohne ein Wort heraus-*
*zubringen. O lachte, dann wollte sie Jacqueline umarmen.*
*Jacqueline stieß sie entsetzt von sich und floh ins Schlafzim-*
*mer. O trocknete sich in aller Ruhe vollends ab, parfümierte*

sich, bürstete ihr Haar. Sie zog das Taillenmieder an, die Strümpfe, die Pantöffelchen, und als sie nun durch die Tür trat, begegnete sie im Spiegel dem Blick Jacquelines, die sich geistesabwesend vor dem Spiegel kämmte. ‹Schnüre mir das Korsett›, sagte sie. ‹Du tust so überrascht. René ist in dich verliebt, hat er dir denn nichts gesagt?› – ‹Ich verstehe nicht›, sagte Jacqueline. Und sie platzte sogleich mit dem heraus, was sie am meisten erstaunte: ‹Man könnte meinen, du wärst stolz darauf, ich verstehe das nicht. Wenn René dich nach Roissy bringt, wirst du es verstehen. Hast du denn schon mit ihm geschlafen?› Eine Blutwelle überströmte das Gesicht Jacquelines, sie schüttelte den Kopf, aber so wenig überzeugend, daß O laut lachen mußte. ‹Du lügst, mein Herzchen, du bist dumm. Es ist dein gutes Recht, mit ihm zu schlafen. Und das ist kein Grund, mich zurückzuweisen. Komm mit mir ins Bett, dann werde ich dir die Geschichte von Roissy erzählen.› Fürchtete Jacqueline eine stürmische Eifersuchtsszene, gab sie aus Erleichterung oder aus Neugier nach, weil sie von O Erklärungen hören wollte, oder einfach weil sie die Geduld, die Bedächtigkeit, die Leidenschaft liebte, mit der O sie liebkoste? Sie gab nach. ‹Erzähle›, sagte sie danach zu O. – ‹Ja›, sagte O. ‹Aber zuerst mußt du mir die Brüste küssen. Es ist Zeit, daß du dich daran gewöhnst, wenn du René von irgendeinem Nutzen sein willst.› Jacqueline gehorchte, und so gut, daß sie O zum Stöhnen brachte. ‹Erzähle›, sagte sie noch einmal.

O's Erzählung erschien Jacqueline trotz aller Genauigkeit und Klarheit, trotz des greifbaren Beweises, den O selbst darstellte, einfach phantastisch. ‹Im September gehst du wieder hin?› sagte sie. – ‹Wenn wir aus dem Süden zurückkommen›, sagte O. ‹Ich werde dich mitnehmen, oder René nimmt dich mit. –

*Anschauen möchte ich es mir schon einmal›, sagte Jacqueline,*
*‹aber nur anschauen. – Natürlich, das läßt sich machen›, sagte*
*O, die vom Gegenteil überzeugt war [...]» (S. 133-134)*

Während ihres Aufenthalts am Meer erkennt O, daß sie
René, der hoffnungslos in Jacqueline verliebt ist, endgültig
verloren hat. Sie empfindet zu ihrem eigenen Erstaunen
kein Bedauern und betrachtet diese Liebe als Vorbereitung,
«*um die Liebe zu lernen und sich um so besser als glückliche
Sklavin Sir Stephen hingeben zu können*» (S. 139-140). Sie be-
dauert allerdings René in seiner Liebe zu Jacqueline, und sie
haßt Jacqueline für ihre Wirkung auf ihn und ihre gleichzeitige Unabhängigkeit.

Schließlich stellt Sir Stephen O einem anderen Mitglied
des Geheimbundes vor, dem Kommandeur. Der Unterhaltung entnimmt sie, daß sie «ausgeliehen» werden soll.

«‹Komm, O›, sagte er, ‹ich brauche dich.› Jetzt schlug O die
Augen auf und sah plötzlich, daß noch jemand da war. Der
große, nackte und weißgekalkte Raum, der dem vorhergehen-
den glich, hatte ebenfalls eine große Tür auf der Gartenseite,
und auf der Terrasse, die vor dem Garten lag, saß, die Zigarette
im Mund, in einem Korbstuhl, eine Art kahlköpfiger Riese,
dessen gewaltiger Bauch das offene Hemd und die Leinenhose
spannte, und schaute O an. Er stand auf und trat zu Sir Stephen, der O vor sich herschob. O sah jetzt, daß der Mann das
Abzeichen von Roissy trug, eine Scheibe, die an einer Uhrkette
baumelte. Dennoch stellte Sir Stephen ihn höflich O vor,
nannte ihn ‹der Kommandeur›, ohne einen Namen anzugeben,
und zum erstenmal seit sie mit Gästen des Schlosses Roissy*

zusammenkam, erlebte sie die Überraschung, daß jemand (Sir Stephen ausgenommen) ihr die Hand küßte. Sie blieben alle drei im Zimmer, das Fenster blieb geöffnet; Sir Stephen ging zum Eckkamin und läutete. O sah auf dem chinesischen Tisch neben dem Sofa die Whiskyflasche, den Siphon und die Gläser. Er klingelte also nicht nach Getränken. Zugleich sah sie auf dem Boden neben dem Kamin eine große weiße Schachtel. Der Mann aus Roissy hatte sich auf einen Strohsessel gesetzt, Sir Stephen saß schräg auf der Kante des runden Tischs und ließ ein Bein baumeln. O, der das Sofa angewiesen wurde, hatte gelehrig ihren Rock hochgeschlagen und spürte den weichen Baumwollpikee der provenzalischen Decke an ihren Schenkeln. Norah trat ein. Sir Stephen befahl ihr, O zu entkleiden und ihre Kleider wegzubringen. O ließ sich ihr Bolero ausziehen, ihr Kleid, das Stäbchenkorsett, das ihr die Taille einschnürte, die Sandalen. Sobald sie nackt war, ging Norah hinaus, und O, die automatisch in die Gepflogenheiten von Roissy verfiel und überzeugt war, daß Sir Stephen von ihr nur völligen Gehorsam erwartete, blieb inmitten des Raums stehen und hielt den Blick so beharrlich gesenkt, daß sie mehr erriet als sah, wie Natalie, ganz in schwarz wie ihre Schwester, stumm und barfuß zur Fenstertür hereinglitt. Zweifellos hatte Sir Stephen bereits von Natalie gesprochen; er begnügte sich damit, dem Besucher, der keine Fragen stellte, ihren Namen zu nennen und bat sie, die Gläser zu füllen. Sobald sie Whisky, Soda und Eis herumgereicht hatte (und in der Stille wirkte das Klirren der Eiswürfel gegen das Glas wie ein ohrenbetäubender Lärm), erhob der Kommandeur sich mit dem Glas in der Hand von dem Strohstuhl, auf dem er während O's Entkleidung gesessen war, und trat zu ihr. O glaubte, daß er mit der freien Hand ihre Brust oder ihre Schenkel berühren werde. Aber er rührte sie nicht an, betrachtete sie nur eingehend, von ihrem geöffneten Mund bis zu den offenen Knien. Er ging um sie herum, musterte ihre Brüste, ihre Schenkel, ihre Lenden, und diese schweigende Musterung, die Nähe dieses riesigen Körpers verwirrten O so sehr, daß sie nicht wußte, ob sie vor ihm fliehen wollte oder ob sie sich im Gegenteil wünschte, daß er sie zu Boden werfen und erdrücken würde. Sie war so verwirrt, daß sie die Beherrschung verlor und die Augen hilfesuchend zu Sir Stephen erhob. Er begriff, lächelte, trat zu ihr, nahm ihre beiden Hände und hielt sie hinter ihrem Rücken in seiner Hand fest. Sie lehnte sich mit geschlossenen Augen an ihn, und wie in einem Traum oder wie im Dämmer eines Erschöpfungszustandes hörte sie – so wie sie einmal als Kind kurz nach dem Erwachen aus einer Narkose die Pflegerinnen, die sie noch bewußtlos glaubten, über sie hatte sprechen hören, über ihr Haar, ihre blasse Haut, ihren flachen Bauch, an dem eben der Flaum zu sprossen begann – die Stimme des Fremden, der Sir Stephen zu ihr beglückwünschte und besonders auf die Vorzüge ein wenig schwerer Brüste und einer schmalen Taille hinwies, der Eisen, die dicker, schwerer und auffallender waren als üblich. Zugleich wurde ihr klar, daß Sir Stephen zweifellos versprochen hatte, sie in der kommenden Woche auszuleihen, weil man ihm dafür dankte. Worauf Sir Stephen sie im Nacken faßte, ihr sanft gebot aufzuwachen und zusammen mit Natalie ihn oben in ihrem Zimmer zu erwarten.» (S. 143-144)

«Die kleine Natalie saß mitten im Zimmer auf dem weißen Teppich und sah aus wie eine Fliege in der Milch, während O, die vor ihrem improvisierten Frisiertisch, der bauchigen Kommode, stand und sich in dem darüberhängenden alten Spiegel bis zur Mitte sehen konnte, leicht grünlich und verschwommen wie auf der Oberfläche eines Teichs, an die Kupferstiche vom Ausgang des vorigen Jahrhunderts erinnerte, auf denen Frauen abgebildet sind, die im Hochsommer nackt im Halbdämmer ihrer Gemächer herumgehen. Als Sir Stephen die Tür aufstieß, drehte sie sich so heftig von der Kommode um, daß die Ringe zwischen ihren Beinen klirrend an einen der Bronzegriffe schlugen. ‹Natalie›, sagte Sir Stephen, ‹hole die weiße Schachtel, die unten im zweiten Zimmer liegt.› Natalie kam zurück, legte den Karton aufs Bett, öffnete ihn und holte den Inhalt heraus, wickelte Stück für Stück aus der Seidenpapierhülle und reichte eines nach dem andern Sir Stephen. Es waren Masken. Kopfputz und Masken zugleich, sie waren so gearbeitet, daß sie mit Ausnahme von Mund und Kinn den ganzen Kopf bedeckten und schmale Schlitze für die Augen freiließen. Sperber, Falke, Käuzchen, Fuchs, Löwe, Stier, lauter Tiermasken, menschlichen Maßen angepaßt, aber aus dem Fell oder dem Gefieder der echten Tiere gefertigt, die Augenhöhlen von Wimpern gesäumt, wenn das betreffende Tier Wimpern hatte (wie der Löwe). Pelz und Federn reichten dem Träger bis über die Schultern. Man brauchte nur ein ziemlich breites Band, das unter dieser Art Nackenhaube verborgen war, festzuziehen und die Maske lag dicht über der Oberlippe (für jedes Nasenloch war eine Öffnung vorgesehen) und an den Wangen an. Eine Versteifung aus Pappmaché, zwischen dem Überzug und dem Fellfutter, hielt das Ganze in der Fasson. Vor dem großen Spiegel, wo sie sich von Kopf bis Fuß sah, probierte O alle Masken. Die seltsamste Maske, die O am meisten verwandelte und zugleich am besten zu ihr zu passen schien, stellte ein Käuzchen dar, die fahlroten und beigen Federn verschmolzen mit ihrer Sonnenbräune; das Federkleid bedeckte ihre Schultern fast völlig, reichte bis zur Mitte des Rückens und vorn bis zum

Ansatz der Brüste. Sir Stephen gebot ihr, das Lippenrot wegzuwischen und als sie die Maske abnahm, sagte er: ‹Du wirst also beim Kommandeur das Käuzchen sein. Aber, O, verzeih mir, du wirst an der Kette geführt werden. Natalie, schau in der ersten Schublade meines Schreibschranks nach, dort wirst du eine Kette und die Zange finden.› Natalie brachte die Kette und die Zange, mit der Sir Stephen das letzte Glied der Kette öffnete und in den zweiten Ring fügte, den O am Schoß trug, es dann wieder zusammendrückte. Die Kette, die aussah wie eine Hundekette – und auch eine war –, war eineinhalb Meter lang und endete in einem Karabinerhaken. Nachdem O die Maske wieder aufgesetzt hatte, befahl Sir Stephen Natalie, das Ende der Kette zu nehmen und O im Zimmer herumzuführen. Natalie machte dreimal die Runde um das Zimmer und zog die nackte und maskierte O am Schoß hinter sich her. ‹Ja›, sagte Sir Stephen, ‹der Kommandeur hat recht gehabt, du mußt auch vollständig enthaart werden. Das kommt morgen. Heute behältst du deine Kette an.›

[...]

Die frischen Platzwunden entsetzten das junge Mädchen im Kosmetiksalon, wo O sich am folgenden Tag epilieren ließ, noch mehr als die Eisen und die Brandmale. Es nützte nichts, daß O ihr erklärte, diese Enthaarungsmethode, bei der man das hart gewordene Wachs zusammen mit den Haaren mit einem Griff abreißt, sei nicht weniger schmerzhaft als ein Peitschenhieb, daß sie ihr, wenn sie auch nicht ihre gesamten Lebensumstände darlegte, doch immer wieder sagte, sogar zu erklären versuchte, wie glücklich sie sei; nichts konnte die Empörung und das Grauen mildern. O's Beschwichtigungsversuche führten nur dazu, daß sie danach nicht mehr, wie im ersten Augenblick, mit Mitleid betrachtet wurde, sondern voll Abscheu. Sie bedankte *sich sehr freundlich, als sie fertig war und die Kabine verließ, in der man sie wie zur Liebe ausgespreizt hatte, hinterließ ein stattliches Trinkgeld und fühlte dennoch deutlich, daß sie eher hinausgeworfen als verabschiedet wurde. Was kümmerte es sie! Ihr war es völlig klar, daß der Kontrast zwischen dem Pelzwerk ihres Schoßes und dem Gefieder der Maske zu groß war, daß das Aussehen einer ägyptischen Statue, das die Maske ihr verlieh und das durch die breiten Schultern, schmalen Hüften und langen Beine noch betont wurde, ein überall gleich glattes Fleisch erforderte.» (S. 146-148)*

Nackt und vollständig enthaart, über dem Kopf eine Käuzchenmaske und von Natalie an einer Kette geführt, die an dem Ring an ihrer Schamlippe befestigt ist, wird O zu einer Party des Kommandeurs gebracht. Die Gesellschaft reagiert mit Staunen, Entsetzen und Verachtung, aber auch mit Faszination. Niemand spricht sie an.

Der Roman endet mit einem Hinweis auf ein gestrichenes Kapitel. Darin kehrt O nach Roissy zurück, wo sie von Sir Stephen verlassen wird. Wie beim Anfang gibt es auch eine zweite Version des Endes:

*«Als O sah, daß Sir Stephen sie verlassen würde, wünschte sie sich den Tod. Sir Stephen erteilte seine Zustimmung.» (S. 151)*

*«Ja, ich hatte das Gefühl, endlich etwas ganz laut zu sagen, das ich seit langem leise dachte. Wirklich, ich wollte lediglich versuchen, diese Geschichten zu erzählen, die ich mir immer selbst erzählt hatte, um Schlaf zu finden, um vor dem Einschlafen etwas Angenehmes zu hören [...].»*[27]

Der Roman ist literarisch perfekt durchkonstruiert und entfaltet auf der sprachlichen Ebene eine erotische Atmosphäre, die in einer Inhaltsangabe kaum zu vermitteln ist.

Zu Beginn der Geschichte werden dem Leser oder der Leserin zwei Versionen des Anfangs vorgestellt, so daß er oder sie die Möglichkeit erhält, ihren persönlichen Vorlieben entsprechend auszuwählen. Durch dieses Angebot, an der Ausgestaltung des Geschehens teilzunehmen, werden sie sofort aktiv in die Geschichte einbezogen. Auch die Position der Erzählerin bleibt zu Beginn unklar, so daß die eigene Position beim Lesen gewählt und gewechselt werden kann.

Der Roman führt uns zunächst in eine phantastische und gewalttätige Welt ein, die an die Romane von de Sade erinnert, besonders an *Die 120 Tage von Sodom*[28]. Das Schloß als gesellschaftsfreier Raum, in dem sich «Herr» und «Sklavin» nach ihren eigenen Gesetzen gegenüberstehen, die bis ins letzte Detail ausgeführte Beschreibung der Ausstattung der einzelnen Räume und der kostümartigen Bekleidung, die Rituale der Hausregeln und Bestrafungen beschreiben sehr ähnliche Arrangements. Doch während es bei de Sade allein um die uneingeschränkte Befriedigung der Wollust seiner «Libertins» geht, wird in der *Geschichte der O* ein übergeordnetes Ziel verfolgt, deren Werkzeuge die «Herren» selber sind.

*«Wenn Sie während der Dauer Ihres Aufenthalts die Peitsche regelmäßig alle Tage bekommen, so geschieht das nicht so sehr zu unserem Vergnügen, als vielmehr zu Ihrer Belehrung.»* (S. 27)

Die Handlung im de Sadeschen Roman verbleibt während der gesamten Darstellung innerhalb des eigens dafür eingerichteten, abgeschlossenen Raumes. Sie ist in Zyklen gegliedert, die sich steigernd aufeinander aufbauen, von der «einfachen» Vergewaltigung bis zur absoluten Vernichtung aller Opfer als Höhepunkt. Gesteigert werden die Praktiken der Folter zur Aufrechterhaltung der Lust. Die Personen selber verändern sich nicht. In der *Geschichte der O* geht es dagegen um eine aktive Veränderung der Person und eine Steigerung des Bewußtseins. Die Marter verändert sich nicht, aber die Einstellung zu ihr. O durchläuft einen Prozeß, der in einem Paradox zu enden scheint: der Selbstfindung in der völligen Selbstaufgabe. Aber was gibt O eigentlich auf, und was findet sie?

## 1. *René*

O wird uns als selbständige, berufstätige, junge Frau vorgestellt, die in einer kleinen Wohnung in Paris lebt. Über ihre Vergangenheit erfahren wir nur im Zusammenhang ihrer bisherigen sexuellen Beziehungen, die sie zu Männern und zu Frauen hatte, an denen sie emotional aber nie besonders beteiligt war. Im Gegenteil: Diese Beziehungen schienen eher der Aufrechterhaltung und Bestätigung ihrer Unantastbarkeit und Unabhängigkeit zu dienen. Die Männer, mit denen sie «spielt» (S. 79), und die Frauen, die sie «erjagt» (S. 83), liefern ihr die Beweise einer Macht, in der sie ihre eigene Existenz zu bestätigen sucht. Die Lust, die O darin empfindet, zu sehen, wie ihre Liebkosungen auf ihre Partnerinnen wirken, spiegelt ihr die Möglichkeit der Lust, die ihre eigene Hingabe an einen Mann diesem bereiten könnte. Doch die Männer, mit denen sie bisher zusammen war, waren nicht eigenmächtig genug gewesen, eine solche Hingabe bei ihr zu erreichen. Solange sie mit sich spielen lassen, sind sie für O uninteressant.

O sucht nach Anerkennung durch einen anderen, bei gleichzeitiger Aufrechterhaltung ihrer Autonomie. Für Jessica Benjamin, die die Geschichte der O als eine «aussagestarke Darstellung»[29] ihrer Analyse erotischer Unterwerfungsphantasien zugrundelegt, drückt sich in einem solchen Konflikt um Nähe und Abgrenzung die Unfähigkeit aus, die Abhängigkeit von anderen Menschen zu akzeptieren, ohne damit die eigene Existenz in Frage zu stellen, – oder sich selbst zu behaupten, ohne die Autonomie des Anderen zu verleugnen.

Weil wir uns nur in der Wirkung, die wir mit unserem Tun bei einem anderen Menschen hervorrufen, selbst erfahren können, und weil unser Tun anerkannt werden muß, damit wir uns selbst anerkennen können, sind wir von der Existenz eines autonomen Gegenübers abhängig. Wir begehren den Anderen der Anerkennung wegen, die er uns gibt. Wird dieser Andere aber in unserer Begierde vollkommen vereinnahmt bzw. unterworfen, oder unterwirft er sich selbst vollkommen, so verliert er für uns seine Existenz und ist nicht mehr in der Lage, auf uns zurück-zu-wirken und uns Anerkennung zu geben.

O sucht in den zahlreichen Beziehungen, die sie zu Frauen und Männern eingeht, sich selbst zu erfahren. Diese Personen aber unterwerfen sich ihrem Begehren so sehr, daß sie von O nicht mehr als autonome Personen anerkannt werden und damit ihre Fähigkeit verlieren, auf sie zurück-zuwirken. Diesen wechselseitigen Zusammenhang «zwischen dem Ringen um eigene Identität und dem Streben nach Herrschaft»[30] findet Jessica Benjamin besonders deutlich in Hegels Herrschafts-Knechtschafts-Analyse dargestellt.

Nach Hegel ist das

«Selbstbewußtsein [...] zunächst einfaches Fürsichsein, sichselbstgleich durch das Ausschließen alles anderen aus sich»[31],

es erlebt sich selbst als omnipotent. Das Andere ist jedoch auch ein Selbstbewußtsein, «es tritt ein Individuum einem Individuum gegenüber auf».[32] So entsteht eine Spannung innerhalb des Verhältnisses beider Selbstbewußtseine, das dadurch bestimmt ist,

«daß sie sich selbst und einander durch den Kampf auf Leben und Tod bewähren. – Sie müssen in diesen Kampf gehen, denn sie müssen die Gewißheit ihrer selbst, für sich zu sein, zur Wahrheit an dem Anderen und an ihnen selbst erheben».[33]

Denn ein Bewußtsein vom Selbst entsteht nur aus der Erfahrung mit einem Anderen, «d. h. es ist nur als ein Anerkanntes».[34]

Auf diese Weise entwickelt sich ein Prozeß, dessen Bewegung es ist, beide Selbstbewußtseine als zwei Fürsichseiende aufzuheben.

> «Jedes ist dem Anderen die Mitte, durch welche jedes sich mit sich selbst vermittelt und zusammenschließt, und jedes sich und dem Anderen unmittelbares für sich seiendes Wesen, welches zugleich nur durch diese Vermittlung so für sich ist. Sie *anerkennen* sich als *gegenseitig sich anerkennend*».[35]

Mit dem Tod des Anderen bricht diese Spannung zusammen. Das Selbst hat zwar die Gewißheit seiner selbst, für sich zu sein, erlangt, doch hebt es sich ohne die Anerkennung durch das Andere selbst auf.

> «[...] die Mitte fällt in eine tote Einheit zusammen, welche in tote, bloß seiende, nicht entgegengesetzte Extreme zersetzt ist; und die beiden geben und empfangen sich nicht gegenseitig voneinander durch das Bewußtsein zurück, sondern lassen einander nur gleichgültig, als Dinge, frei. Ihre Tat ist die abstrakte Negation, nicht die Negation des Bewußtseins, welches so *aufhebt*, daß es das Aufgehobene *aufbewahrt* und *erhält* und hiermit sein Aufgehobenwerden überlebt.»[36]

In Anwendung der Analyse Hegels scheint für Jessica Benjamin das Wesen der Erotik darin zu bestehen, die Begrenzung des eigenen Selbst zu überschreiten, ohne daß dadurch die Spannung innerhalb des wechselseitigen Verhältnisses zusammenbricht – ein Bestreben, das innerhalb einer sadomasochistischen Beziehung besonders deutlich wird.

«Folglich stellt die gewaltsame Verletzung der körperlichen Integrität in einer erotischen Unterwerfungsbeziehung eine Verletzung der Tabugrenze zwischen Leben und Tod und damit gleichzeitig ein Durchbrechen des Getrenntseins vom anderen dar. Diese Grenzverletzung ist zwar das innerste Geheimnis aller Erotik, tritt jedoch in der erotischen Gewalt am deutlichsten zutage. Der in Wirklichkeit innerhalb des Individuums stattfindende Zusammenbruch der Spannung zwischen Leben und Tod, zwischen Selbstbehauptung und Selbstaufgabe erscheint als Verhältnis zwischen zwei Personen. [...] Beide Partner gemeinsam bilden die Spannung, in der Selbstbehauptung und Selbstaufgabe enthalten sind. Gemeinsam erreichen sie es, in einer Weise über sich selbst hinauszugelangen, wie es keiner von beiden alleine vermag.»[37]

Ein solches Spannungsverhältnis erlebt O zum ersten Mal, als sie René kennenlernt. Er löst sich nicht unter ihrem Willen auf wie ihre bisherigen Liebhaber, so daß sie ihr Tun erstmals als in eine wechselseitige Beziehung eingebunden erleben kann, in der sie sich selbst erfährt. Für dieses Gefühl der Verbundenheit gibt sie eine Freiheit auf, die für sie gleichbedeutend war mit Isolation.

*«In acht Tagen lernte sie die Furcht kennen, aber auch die Sicherheit, das Entsetzen, aber auch das Glück. René warf sich auf sie wie ein Räuber auf seine Gefangene, und sie wurde mit Wonne seine Gefangene, spürte an ihren Handgelenken, ihren Fußknöcheln, an allen Gliedern und selbst an den verborgensten Stellen ihres Körpers die Bande, die unsichtbarer waren als das feinste Haar, kräftiger als die Seile, mit denen die Liliputaner Gulliver gefesselt hatten, und die ihr Geliebter mit einem einzigen Blick anzog oder löste. Sie war nicht mehr frei? Ah! Gott sei Dank, sie war nicht mehr frei. Aber sie fühlte sich leicht, Göttin auf der Wolke, Fisch im Wasser, verloren im Glück.» (S. 80)*

O akzeptiert ihre Abhängigkeit, weil ihr diese neue Beziehung die grundsätzliche Anerkennung bietet, die sie befähigt, sich selbst als lebendiges Wesen wahrzunehmen und auch andere Menschen und ihr Begehren positiv anzuerkennen.

Besonders bewußt wird O ihre Abhängigkeit von der Anerkennung Renés, wenn sie glaubt, daß er sich von ihr abwendet. In einem solchen Moment sinkt sie zurück in den Zustand der Vereinsamung, *«erstarb alles in ihr, erstickte sie».* (S. 81) Sie hat das Gefühl, allein durch ihn zu leben, so daß er für sie zu einem Gott wird, dessen Anerkennung sie sich durch ihre absolute Unterwerfung zu versichern sucht. M. Masud R. Khan beschreibt diese Form der Idolisierung als «deutliche Über-Besetzung eines äußeren wirklichen Objekts»[38], wobei dieses «Objekt wie ein sakraler Fetisch behandelt»[39] wird.

> «In der Übertragung dieser Patienten kann man diese Prozesse sehr deutlich erkennen. Wenn der Patient einen Bedarf nach Idolisierung hat, wird jede Geste des Analytikers, die seine Unabhängigkeit anzeigt, als traumatisch und vernichtend empfunden. Die Abhängigkeit vom Analytiker ist infolge des Wunsches nach totalem Angenommen-Werden maximal.»[40]

Khan beschreibt ein solches Verhalten als Folge der Wiederbelebung eines bestimmten Musters in der frühen Mutter-Kind-Beziehung. Indem die Mutter ihr Kind nicht als eigenständige Person begreift, sondern es zu ihrem «Ding-Geschöpf» idolisiert, internalisiert das Kind dieses idolisierte Selbst, da es das Gefühl bekommt, etwas ganz Besonderes zu haben, was aber gleichzeitig nicht mit seinem Selbst als Gesamtperson übereinstimmt. Zieht sich die Mutter in der ödipalen Phase, wenn sie sich plötzlich der intensiven Beziehung zu ihrem Kind bewußt wird, zurück, erlebt das Kind ein verspätetes Trennungstrauma, das es unbewußt oder bewußt als Panik, Vernichtung und Verlassensein wahrnimmt.[41]

## 2. Roissy

Nach Jessica Benjamin befindet sich unsere Kultur heute in einer Entwicklung, in der durch die zunehmende gesellschaftliche Rationalität ein immer höheres Maß an Selbständigkeit und Selbstkontrolle vom Individuum gefordert wird. Für Norbert Elias stellt sich die Entwicklung vom Feudalismus des Mittelalters über die Entstehung zentraler Staatsmonopole hin zur modernen bürgerlichen Gesellschaft als Prozeß von sich immer weiter verzweigenden und differenzierenden gesellschaftlichen Funktionen dar, durch die die einzelnen immer stärker in Beziehungen gegenseitiger Abhängigkeiten eingebunden werden. Diese Abhängigkeit macht es notwendig, daß jedes Individuum sein Verhalten zunehmend und auf immer längere Sicht hin steuert und plant und sich spontaner Affektäußerungen und Schwankungen seines Verhaltens enthält.

Aus den äußeren Zwängen körperlicher Gewaltandrohung entwickelt sich allmählich ein gesellschaftlicher Zwang zum Selbstzwang, der als gleichmäßiger innerer Druck im Individuum eine Zurückdrängung der Triebäußerungen bewirkt. So stellt sich dem Fortschreiten der Rationalisierung auf gesellschaftlicher Ebene ein Vorrücken der Scham- und Peinlichkeitsgrenze auf innerpsychischer Ebene zur Seite.

«Beide gleichermaßen, die Rationalisierung nicht weniger, als das Vorrücken der Scham- und Peinlichkeitsgrenzen, sind ein Ausdruck für eine Verringerung der direkten Ängste vor der Bedrohung oder Überwältigung durch andere Wesen und für eine Verstärkung der automatischen, inneren Ängste, der Zwänge, die der Einzelne nun auf sich selbst ausübt. [...]
Beide [...] sind nichts als verschiedene Aspekte der stärkeren Spaltung des individuellen Seelenhaushalts, die sich mit der zunehmenden Funktionsteilung einstellt, verschiedene Aspekte der wachsenden Differenzierung zwischen Triebfunktionen und Triebüberwachungsfunktionen, zwischen ‹Es› und ‹Ich› oder ‹Über-Ich›.»[42]

Für Jessica Benjamin verhindert die zunehmende gesellschaftliche Rationalisierung, die in den Menschen das Gefühl der Isolation und des Getrenntseins vom anderen fördert, die Entwicklung der Fähigkeit, sich auf einen anderen Menschen als lebendiges erotisches Wesen zu beziehen und sich selbst erotisch lebendig zu fühlen. In der masochistischen Unterwerfung sieht sie einen Versuch, dieses starre Gehäuse des Abgetrenntseins vom anderen zu durchbrechen.

«Meines Erachtens sehen wir uns einem Prozeß bis ins Unerträgliche zugespitzter Privatisierung und Vereinzelung ausgesetzt, dem keine Kontinuitätserfahrung gegenübersteht. Es mag sein, daß angesichts dieser durch unsere Gesellschaftsstrukturen und unsere Kultur bewirkten rigiden Isolation des Individuums Grenzübertretungen, die diesen Zustand durchbrechen sollen, immer gewaltsameren Charakter annehmen müssen.»[43]

O's Aufenthalt in Roissy stellt einen solchen Versuch dar, mithilfe freiwillig eingegangener äußerer Zwänge die durch ihr Schamgefühl gesetzte Begrenzung körperlich-sinnlicher Erfahrungsmöglichkeiten zu durchbrechen. In Roissy werden die Bande, die sie innerlich gespürt hat, äußere Realität. Und sie ist dankbar für die Fesseln, die sie ihrer Verantwortung entheben und die ihr helfen, sich von den Fesseln ihrer kleinbürgerlichen Sozialisation zu befreien.

«*Dennoch war nichts ihr eine so große Hilfe gewesen wie dieses Schweigen, höchstens noch die Ketten. Die Ketten und das Schweigen, die sie an sich selbst hätten fesseln sollen, sie ersticken, sie erwürgen, hatten sie im Gegenteil von sich selbst befreit. Was wäre aus ihr geworden, wenn man ihr die Sprache gelassen hätte und die Bewegungsfreiheit ihrer Hände, wenn ihr eine Wahl geblieben wäre, während ihr Geliebter sie vor seinen Augen anderen preisgab?*» (S. 42)

Freud beschreibt im Zusammenhang seiner Analyse von Verlegenheitsträumen der Nacktheit das Gefühl, sich nicht bewegen zu können, d. h. einem ungewollten Zwang zu unterliegen. Er interpretiert dies als psychischen Mechanismus, der den Sinn erfüllt, die Zensur zu umgehen, die sich der Verwirklichung der vom Schamgefühl unterdrückten unbewußten Wünsche im Traum entgegenstellt.

«Von der Empfindung des Gehemmtseins werden wir später nochmals handeln. Sie dient im Traum vortrefflich dazu, den Willenskonflikt, das Nein, darzustellen. Nach der unbewußten Absicht soll die Exhibition fortgesetzt, nach der Forderung der Zensur unterbrochen werden.»[44]

O wird nach Roissy gebracht, damit sie sich ihres

«wahren» Zustandes bewußt wird: der Tatsache ihrer Körperlichkeit und ihrer Geschlechtlichkeit. Wie in einem Traum, in dem alle Ereignisse um die träumende Person herum arrangiert sind, in dem die Träumerin, obwohl passiv, sich selbst doch stets in den Mittelpunkt stellt, wird O mit sich selbst konfrontiert. Unter der Legitimation des äußeren Zwangs durchbricht sie jedes Tabu:

Nach ihrer Ankunft im Schloß wird sie von zwei jungen Frauen, die wie Zofen des 18. Jahrhunderts gekleidet sind, gebadet und geschminkt, wobei sie nackt mit gespreizten Beinen auf einem Stuhl liegt, so daß sie in einem gegenüberliegenden Wandspiegel ständig ihr Geschlecht sieht, *«weit klaffend, so oft ihr Blick den Spiegel traf».* (S. 19) Danach wartet sie eine unbestimmte Zeit, immer noch nackt, in einem Spiegelkabinett, wo sie sich von allen Seiten genau betrachten kann. Schließlich kommen die beiden Frauen in Begleitung eines Mannes zurück.

> *«Er trug ein langes violettes Gewand mit Ärmeln, die oben weit und am Handgelenk eng waren, das Gewand öffnete sich beim Gehen von der Taille an. Man sah, daß er darunter eine Art anliegender Strumpfhose trug, die Beine und Schenkel bedeckte, das Geschlecht jedoch freiließ. Dieses Geschlecht sah O als erstes beim ersten Schritt des Mannes, dann die Peitsche aus Lederschnüren, die im Gürtel steckte, dann daß der Mann eine schwarze Kapuze übers Gesicht gezogen hatte – ein Netz aus schwarzem Tüll verbarg sogar die Augen –, und schließlich, daß er auch Handschuhe trug, ebenfalls aus feinem Ziegenleder.»* ( S. 20)

Mantel, Maske, Handschuhe und Peitsche stellen,

während sie gleichzeitig Anonymität und Distanz vermitteln, Attribute der Macht dar, die die Figur in ihrer dominanten Position innerhalb der masochistischen Inszenierung kennzeichnen. Daneben dient diese Ausstattung als Dekoration, um das Wesentliche hervorzuheben und zu betonen: den nackten Penis. Nicht auf den Phallus, sondern auf das körperliche Organ, dessen Anblick im erigierten Zustand eines der größten gesellschaftlichen Tabus darstellt, wird O's Blick fixiert.

Es ist die Körperlichkeit des anderen und ihre eigene Körperlichkeit, die O wahrnimmt und der sie sich bewußt wird. Sie, die es bisher sogar im Liebesspiel mit einer Freundin zu vermeiden wußte, sich selbst zu entkleiden (vgl. S. 83), ist nun gezwungen, sich in ständiger Nacktheit zu präsentieren – eine Nacktheit, die durch das besonders gestaltete Kleid, das sie trägt, eher unterstrichen als verborgen wird. Wie bei den Männern dienen auch die Kleider der Frauen der dekorativen Hervorhebung ihrer Geschlechtlichkeit. Vagina und After, denen sich eine «anständige» Frau höchstens mit dem Waschlappen nähert, rücken in den Mittelpunkt des Interesses.

*«Es erstaunte sie, daß die Erinnerung an die Peitsche, die sie bekommen hatte, sie so kühl ließ, während der Gedanke, daß sie zweifellos niemals wissen würde, welcher der vier Männer sich zweimal mit Gewalt in ihre Lenden Eingang verschafft hatte, [...] sie erregte.» (S. 32)*

Selbst beim Pinkeln, einer der heimlichsten, verschämtesten körperlichen Verrichtungen, betrachtet sie sich und wird von den anderen betrachtet.

*«Das einzige Ungewöhnliche im Badezimmer war eine Toilette à la turque in der Ecke neben der Tür und die Tatsache, daß die Wände vollständig mit Spiegeln verkleidet waren. [...], so daß O sich dabei inmitten einer Vielzahl von Spiegelbildern genauso zur Schau gestellt fand wie in der Bibliothek, als unbekannte Hände ihr Gewalt antaten.»* (S. 30)

In O's Inszenierung des Sehens und Gesehen-Werdens, der Selbstdarstellung und der Inbesitznahme der Außenwelt durch den Blick, werden exhibitionistische und voyeuristische Wünsche ausgedrückt, in denen besonders genitale Aspekte im Vordergrund stehen. Der im Verlauf der Erzählung immer wieder dargestellte Blick in den Spiegel ist nicht allein Ausdruck einer selbstgenügsamen, narzißtischen Betrachtung O's. In ihm wird ebenso die Lust am Sehen wie auch die Lust an der Zurschaustellung deutlich. Das Spiegelbild ersetzt den nicht vorhandenen Zuschauer, mit dessen Augen sie sich betrachtet, oder von dem sie sich vorstellt, betrachtet zu werden.[45]

Nach Freud machen sich die Partialtriebe der Schau- und Zeigelust im kindlichen Sexualleben zunächst als von der erogenen Sexualtätigkeit gesonderte selbständige Strebungen bemerkbar, die ihre Beziehung zum Genitalleben erst später eingehen.[46] Sie hängen eng mit dem auf die Sexualität gerichteten Erkenntnisstreben des Kindes zusammen und sollen durch das unter dem Einfluß der Erziehung gebildete Schamgefühl unterdrückt werden, so daß bestimmte Aspekte des Selbst von der Erkenntnis und dem Erkanntwerden ausgeschlossen sind und ein Gefühl der Entfremdung entsteht.

Léon Wurmser betont die besondere Bedeutung dieser

Triebwünsche und verweist auf den Zusammenhang ihrer Unterdrückung und der Entstehung von Schamängsten.

«So fänden wir denn zwei wesentliche Partialtriebe, Schaulust und Zeigelust, Voyeurismus und Exhibitionismus, oder in Begriffen, die ich vorziehe, Theatophilie und Delophilie.
Beide können in aktiver und passiver Form erscheinen. Beide zeigen das ganze Spektrum sexueller Wünsche – orale, anale, phallische; beide weisen indes auch das ganze Spektrum aggressiver Triebinhalte – Selbstbehauptung, Macht, Angriff und Zerstörung – auf. [...]
Der negative Affekt, der sich dann einstellt, wenn dieser Trieb [der Theatophilie] in seiner Befriedigung blockiert wird, ist eine archaische Form der Schamangst – die Angst, von dem Blick und Anblick des Objekts versteinert, entpersönlicht, verdinglicht zu werden. [Oder im Fall der Delophilie], die Selbstverachtung».[46]

In der masochistischen Inszenierung wird die Darstellung und Wahrnehmung der schambesetzten Körperlichkeit von außen erzwungen. Weil dieser Zwang jedoch in der Phantasie aus dem eigenen Inneren kommt und auch in seiner Realisierung auf gegenseitigem Wunsch und Zustimmung beruht, kann er als Versuch gedeutet werden, den Konflikt zwischen Triebwunsch und dessen Abwehr durch Scham- und Schuldgefühle zu überwinden.

Neben der Wahrnehmung ihrer Körperlichkeit ist es besonders auch ihre Lust, die O als beherrschend für ihr Leben anerkennen soll, ohne sie in individueller Liebe zu verstecken: eine unpersönliche körperliche Lust, die sie empfindet und für die sie sich schuldig fühlt.

*«Der Mann stand auf, René ging mit ihm zur Tür. Blitzartig sah O sich verworfen, vernichtet, verdammt. Sie hatte unter den Lippen des Fremden gestöhnt, wie ihr Geliebter sie niemals*

*stöhnen gehört hatte, geschrien unter dem zustoßenden Glied*
*des Fremden, wie sie bei ihrem Geliebten nie geschrien hatte.*
*Sie war entwürdigt und hatte Strafe verdient. Wenn er sie*
*verließe, wäre das nur gerecht. Aber nein, die Tür schloß sich,*
*er blieb bei ihr [...]» (S. 37)*

Der Begriff der Würde, der hier auftaucht, ist mit dem
Begriff des Anstands assoziiert: Anstand und Würde, die
beiden klassischen bürgerlichen Säulen der Tugend,
fürchtet O zu verlieren, wenn sie sich in den «Sumpf gemeiner Wollust»[47], wie es Krafft-Ebing formulierte, hin-
absinken ließe.

Durch die Inszenierung der Unfreiwilligkeit wird es ihr
möglich, sich ihrer Lust zu überlassen und zugleich ihre
Würde zu bewahren. Bei all den Martern fühlt sie sich wie
eine christliche Märtyrerin, die das Leiden und die Unreinheit der Welt auf sich lädt und dabei geheiligt wird.

*«Täglich und wie einem Ritual folgend, vom Speichel und*
*Sperma beschmutzt, von Schweiß, der sich mit ihrem eigenen*
*Schweiß mischte, empfand sie sich buchstäblich als Gefäß der*
*Unreinheit, von dem die Heilige Schrift redet.»[48]*

Doch im Unterschied zu den christlichen Märtyrern, die
ihren Körper negieren und seinen sexuellen Empfindungen
zu entgehen suchen, wird sich O ihrer Lust, ihres Körpers
und ihrer wachsenden Empfindungsfähigkeit immer be-
wußter. Die Körperteile, die bisher verleugnet und ver-
steckt wurden – insbesondere Anus und Vagina – scheinen
ihr durch das auf sie gerichtete Begehren immer schöner zu
werden.

## 3. Sir Stephen

O verläßt Roissy wie in einem Traum, den sie geschützt von einer Unwahrscheinlichkeit der Ereignisse vollkommen losgelöst von ihrer eigentlichen Existenz durchlebt zu haben scheint (vgl. S. 68). Als einzigen Unterschied zwischen dem Davor und dem Danach stellt sie kleine Veränderungen in den sexuellen Praktiken Renés fest, dem sie zunächst wieder allein «gehört». Aber O hat sich verändert: Sie hat gelernt, ihre eigene Körperlichkeit positiv anzuerkennen, die Hingabe an das Begehren eines anderen lustvoll zu genießen und selbst zu begehren.

Wieder zurück in ihrer alten Umgebung fehlt ihr jedoch der Schutz, den ihr der abgeschlossene Raum Roissys mit seinen Fesseln gegeben hatte. Ohne die äußeren Zwänge ist sie wieder für das, was sie tut, verantwortlich, und beurteilt ihr Lustempfinden innerhalb des kleinbürgerlichen Moralsystems, in dem sie aufgewachsen ist. Eduard Fuchs faßt dieses für ihn «charakteristische Wesensmerkmal des modernen bürgerlichen Zeitalters»[49] in der Einleitung zum dritten Band seiner *Illustrierten Sittengeschichte* folgendermaßen zusammen:

«Was ehedem immer nur Charakteristikum einiger Schichten der Gesellschaft war, ist im Zeitalter der Bourgeoisie Eigenschaft der Gesamtheit geworden. Der bloße Schein trat offiziell an die Stelle der Wirklichkeit. Es entstand das diktatorische Gesetz: du mußt unter allen Umständen sittlich scheinen. Speziell auf dem Gebiet der geschlechtlichen Moral entstand die Moralheuchelei als Geschlechtsideologie; [...]»[50]

O verurteilt ihr eigenes aktives Begehren, das sich nicht

auf die Person ihres Liebhabers beschränkt als «Lüstern-heit» und fürchtet sich davor, abgelehnt und verlassen zu werden, wenn dieser «Fehler» erkannt würde.

*«Sie entdeckte nur dann und wann ein flüchtiges und mehr in ihrer Veranlagung liegendes, als in ihren Handlungen zutage tretendes Gefallen an den Begierden, die sie bei anderen Männern als René weckte, bei Männern, denen sie überhaupt nur Aufmerksamkeit schenkte aus dem Übermaß des Glücks, mit dem Renés Liebe, die Gewißheit, René zu gehören, sie erfüllten, und weil die völlige Hingabe an ihn, in der sie lebte, sie unver-wundbar, unverantwortlich machte und alle ihre Handlungen belanglos – aber welche Handlungen? Sie hatte sich doch nur Gedanken vorzuwerfen, flüchtige Versuchungen. Dennoch stand außer Zweifel, daß sie schuldig war und daß René sie, ohne es zu wollen, für einen Fehler strafte, den er nicht kannte [...]»* (S. 81)

René ist für O immer noch ein Gott, dessen Willen sie sich gleichsam als einer Geste der Wiedergutmachung unter-wirft. Aber er ist ein schwacher Gott, der ihren «Fehler» nicht erkennt und sich täuschen läßt.

Diese Situation ändert sich entscheidend mit dem Auftreten von Sir Stephen. Er erkennt O sofort – ihre «Lüsternheit» und ihre Unfähigkeit zur sexuellen Aktivität. In einem seiner ersten Befehle fordert er O auf, sich selbst zu befriedigen, und zum ersten Mal ist es O nicht möglich, einem Befehl zu gehorchen. O ihrerseits erkennt in Sir Stephen sofort ihren wahren Gebieter

*«mit einem festen und eisigen Willen, den das Verlangen nicht*

*beugen würde und dem sie, so rührend und fügsam sie auch sein mochte, nicht das geringste bedeutete». (S. 73)*

Bei ihm gibt es keine Heuchelei mehr, keine Heimlichkeit und kein Verstecken.

Indem O zunächst die Anerkennung Sir Stephans und schließlich auch seine Liebe zu erringen vermag, obwohl – oder gerade weil – er sie «erkannt» hat, gelingt es ihr endlich, sich als ganze Person angenommen zu fühlen, denn wie Jessica Benjamin schreibt, ist es

«ihre tiefste Sehnsucht [...] erkannt zu werden. Darin ist sie wie jede Liebende, weil das Geheimnis der Liebe darin besteht, als man selbst erkannt zu werden».[51]

O entwickelt durch die umfassende Anerkennung ihrer gesamten Persönlichkeit durch Sir Stephen eine neue, innere Sicherheit, die größer ist, als es der äußere Schutz der Ketten in Roissy gewesen war. Mit ihm wird es ihr möglich, die Lücke zwischen Traum und Realität zu schließen, den Widerspruch zwischen äußerem Schein und Sein aufzuheben.

*«Das helle Licht eines Maimorgens machte das Heimliche offenbar: von nun an würden die Realität der Nacht und die Realität des Tages die gleiche Realität sein. Von nun an – und O dachte: endlich. Daraus entsprang ohne Zweifel die seltsame, mit Schrecken gemischte Sicherheit, in die sie sich gleiten fühlte und die sie geahnt hatte, ohne sie zu begreifen. Sir Stephen war ein anderer Gebieter als René, auf andere Weise fordernd, aber auch auf andere Weise sicher.» (S. 92)*

Der Höhepunkt im Liebesverhältnis zwischen O und Sir Stephen und in der inneren Entwicklung O's ist erreicht, als Sir Stephen sie mit ihrer Zustimmung «zeichnen» läßt. Nachdem O Sir Stephen ihr «Jawort» gegeben hat, bringt er sie eine Weile später zu Ann-Marie, vor der sie ihr Gelübde wiederholt:

«‹Willst du, O, die Ringe und die Buchstaben tragen [...]› – ‹Ja› sagte O.» (S. 117)

Innerhalb der «Verlobungszeit», die O bei Ann-Marie zur Vorbereitung verbringt, lernt sie, sich zu unterwerfen um der Unterwerfung willen, die Schmerzen zu genießen um der Schmerzen willen.

«O hatte das starre Geflecht ihrer widersprüchlichen Gefühle nie begriffen, aber sie hatte gelernt, es als eine unleugbare und wichtige Tatsache zu akzeptieren: Sie liebte den Gedanken an die Marter [...]» (S. 120)

Und O lernt auch die Lust kennen, selber die Peitsche in der Hand zu halten.

«Beim erstenmal, im ersten Augenblick hatte sie gezögert, bei Yvonnes erstem Schrei war sie zurückgewichen, doch dann hatte sie wieder zugeschlagen, und Yvonne hatte wieder, noch lauter, geschrien, und sie war von einer schrecklichen Lust ergriffen worden, so durchdringend, daß sie wider Willen vor Freude lachte und sich zurückhalten mußte, um die Schläge nicht zu schnell und nicht aus voller Kraft zu verabreichen. Danach war sie bei Yvonne geblieben, solange Yvonne angebunden lag, und hatte sie immer wieder geküßt.» (S. 124)

Unterwerfung und Schmerz haben ihren Sühnecharakter endgültig verloren und werden als Bestandteile der Lust akzeptiert.

Als Sir Stephen zurückkehrt, wird O ihm zugeführt – wie die Braut dem Bräutigam, von dem sie Ring und Namen erhält. Im Aufgreifen der bürgerlichen Ehezeremonie wird in kontrollierter Form bewußt ausagiert, was in der «normalen» Liebesbeziehung unter der Oberfläche auf irrationale Weise wirksam ist und sich in der Symbolik ausdrückt. O übereignet sich vollkommen Sir Stephen. Sie trägt Sir Stephans Namen und Ring direkt auf ihrem Körper als Zeichen seines exklusiven sexuellen Verfügungsrechts. Stolz wie eine junge Braut kehrt O nach Hause zurück. Jetzt ist sie endlich ganz eins mit sich, jetzt gibt es tatsächlich nur noch eine einzige Realität ohne Heimlichkeit und Scham.

Das gegenseitige Abhängigkeitsverhältnis in der Beziehung zwischen O und Sir Stephen wird in einer Szene besonders deutlich: Sir Stephen stellt O bei einem Mittagessen zwei Landsleuten vor. Dabei fällt O wieder einmal die Brutalität seiner Sprache auf, mit der er sie den anderen Männern anbietet und von der sie annimmt, daß sie sich auch gegen ihn selber richtet (vgl. S. 98).

Einer der Männer ist schnell bedient. Doch der andere, von O's «Zustand» völlig aus der Fassung gebracht, bringt sie in sein Hotelzimmer, wo er sich die ganze Nacht wie ein Rasender auf sie wirft,

*«entfesselt durch das ungewohnte und erstmalig eingeräumte Recht, beide Wege benützen zu dürfen, sich ihres Mundes so zu bedienen, wie er soeben gesehen hatte, daß man es von ihr*

verlangen dürfe (was er noch niemals zu fordern gewagt hatte». (S. 131)

Er ist so beeindruckt von O, daß er Sir Stephen mitteilt, er habe sich in O verliebt und wolle sie durch eine Heirat retten und ihr die Freiheit zurückgeben.

Als Sir Stephen O am nächsten Tag von diesem Entschluß in Kenntnis setzt, erscheint er ihr ernst und gealtert.

«Er will dich retten. Du weißt ja, was ich aus dir mache, wenn du mir gehörst, O, und wenn du mir gehörst, dann kannst du mir nichts verweigern, aber noch kannst du, und das weißt du auch, dich weigern, mir zu gehören. Ich habe es ihm gesagt.» (S. 131)

O lacht nur und will wieder gehen, wenn dies der einzige Grund gewesen sei, weshalb Sir Stephen sie gerufen habe. Doch dieser hätte sie sowieso gerufen. Er hatte seit ihrem Besuch bei Ann-Marie ein kleines Boudoir einrichten lassen, in dem er sie nun auspeitschen will.

«Sie sah ein winziges Boudoir, frisch getüncht und mit tiefroter Seide ausgeschlagen, der halbe Raum wurde von einer gerundeten Estrade mit zwei Säulen eingenommen, wie die Estrade des Musikzimmers in Samois. ‹Wände und Plafond sind mit Kork belegt, nicht wahr›, sagte O, ‹und die Tür ist gepolstert, und Sie haben ein Doppelfenster einsetzen lassen?› Sir Stephen nickte. ‹Aber seit wann?› sagte O. – ‹Seit deiner Rückkehr. – Und warum...? – Warum ich bis heute gewartet habe? Weil ich gewartet habe, bis du durch andere Hände als die meinen gegangen bist. Dafür werde ich dich jetzt bestrafen.

*Ich habe dich noch niemals bestraft, O. – Aber ich gehöre Ihnen›, sagte O, ‹bestrafen Sie mich.›»* (S. 131)

Diese Szene hat eine dreifache Bedeutung: Erstens wird in der Person Erics die in Scham- und Schuldgefühlen befangene bürgerliche Sexualität thematisiert. Eric ist ja gerade von den sexuellen Möglichkeiten, die O ihm bietet, begeistert. Indem er sie heiratet, will er nicht sie retten, sondern versuchen, seine eigene entfesselte Leidenschaft in einen für ihn moralisch vertretbaren Rahmen zu bringen und sich seiner Schuldgefühle zu entledigen.[52]

Zweitens wird in dieser Szene auch die Abhängigkeit Sir Stephens von O formuliert. Eifersüchtig und ängstlich ist er sich der Möglichkeit bewußt, O zu verlieren. Denn es ist ihre Entscheidung, ihm zu gehören oder nicht.

Und drittens wird hier der Inszenierungscharakter der Bestrafung deutlich, die ja gar keine Bestrafung ist, sondern einen Vorwand für die sadomasochistische Aktion bietet, in die beide Partner aktiv eingebunden sind.

Andreas Spengler weist auf das Mißverständnis hin, das für die Erklärung eines solchen Verhaltens mit der Verwendung des Begriffes der «Strafe» verbunden ist.

«Eine ‹Strafe› also steht bei Sadomasochisten in einem Kontext, der eine unausgesprochene Rollenverteilung, eine implizierte Vereinbarung über das sexuelle Ziel und den inszenierten, gespielten oder ritualisiert abgesicherten Charakter beinhaltet, keineswegs also reale Bestrafung für reales Fehlverhalten. Masochisten inszenieren bereits ihr ‹bestrafungswürdiges› Verhalten mit einer oft absichtlichen, an den aktiven Partner vordergründig appellierenden Aktion.»[53]

Es ist die Masochistin, die eine Strafe verlangt, so daß sie in der Verteilung von Initiative und Aktivität nur äußerlich eine passive Rolle einnimmt. Stattdessen liegt in ihrer Haltung etwas sehr Forderndes, das den «aktiven» Partner unter den Druck stellt, ihre Wünsche zu befriedigen, ohne aus der Rolle zu fallen.

Wenn Jessica Benjamin schreibt,

> «die O wird also für zwei Ausdrucksformen ihres Subjektseins bestraft: für den Wunsch, erkannt zu werden, und für den Wunsch, aktiv zu handeln, eigenständig zu sein»[54],

läßt sie sich meines Erachtens vom äußeren Erscheinungsbild der Inszenierungen verleiten. Indem sie O im folgenden stellvertretend für «die Frauen» zum Opfer männlichen Machtstrebens und die sadomasochistische Aktion zur «Spitze des Eisberges» der in unserer Gesellschaft vorhandenen männlichen Gewalt gegen Frauen erklärt, wird sie weder dem Roman, noch ihrem eigenen Anspruch, die «Dialektik rationaler Gewalt innerhalb erotischer Beziehungen» aufzeigen zu wollen, gerecht.

In ihren Ausführungen erscheinen allein die Männer als aktiv handelnde Personen, während die Frauen – wie O – weder agieren, noch aktiv reagieren, sondern nur passiv die Wirkungen männlichen Agierens widerspiegeln.

> «Die Wendung der Erzählung führt uns noch einmal vor Augen, daß männliches Herrschaftsstreben im Ringen um Anerkennung unter Männern wurzelt, wobei Frauen nur Mittel und Symbol sind [...]»[55]

Gerade aber durch den Charakter der Inszenierung wird deutlich, daß die masochistische Position keineswegs die eines passiven Opfers ist. So führt z. B. Theodor Reik aus:

> «Dieses passive Triebziel wird vom Masochisten oft äußerst aktiv angestrebt. [...] Es werden aggressive und gewalttätige Mittel an-

gewendet, um das Bestraft-, Getadelt-, Beschämtwerden zu erreichen. Der Leidsüchtige wird quälerisch. Für diese Zeitspanne er-scheinen die Rollen verkehrt. Der Masochist benimmt sich wie ein Sadist und sein Objekt, von dem er Leid, Erniedrigung, Strafe erwartet, wie das Opfer eines Sadisten. Rechter Hand, linker Hand, alles vertauscht.«[56]

Die von Jessica Banjamin selbst formulierten Fragen nach den Motiven der masochistischen Wünsche von Frauen lassen sich allerdings nicht beantworten, ohne einen eigenen aktiven Willen hinter der Durchsetzung der passiven Ziele von O bzw. allgemeiner der masochistischen Position anzuerkennen, und ohne die Tatsache zur Kenntnis zu nehmen, daß es sich bei diesen Darstellungen um eine weibliche Phantasie handelt.

Die masochistischen Wünsche erscheinen einmal mehr als Ausdruck eines Mangels und einer Unfähigkeit, die in letzter Konsequenz sozusagen zwangsläufig in die Katastrophe, in den Tod führen müssen und die es deshalb zu beseitigen und zu überwinden gilt. Die Möglichkeit, daß diese Inszenierungen als Ausdruck einer selbstbestimmten Entscheidung auch positive, emanzipatorische Aspekte beinhalten könnten, bleibt dabei ausgeschlossen.

## 4. Das Ziel

Am Ende des Romans steht das Käuzchen. Auch hier ist der Auftritt wieder perfekt inszeniert. Gespenstisch gleitet das schwarze Auto durch eine vom fast vollen Mond phantastisch beleuchteten Landschaft. Um Mitternacht betreten O, Sir Stephen und Natalie die Gesellschaftsparty.

*«Aber der Mond gab genausoviel Licht wie die Kerzen, und als er direkt auf O fiel, die von einem kleinen schwarzen Schatten Natalies vorwärts gezogen wurde, hörten die Paare zu tanzen auf, und die Männer, die an den Tischen saßen, erhoben sich. Der Kellner am Plattenspieler, der spürte, daß etwas im Gange war, drehte sich um und stellte vor Überraschung den Plattenspieler ab.» (S. 149)*

Die Reaktion der Gäste, die sich O neugierig nähern, ist unterschiedlich: Sie reicht von Abscheu bis zu Bewunderung. Doch die Illusion eines «Tieres» ist so perfekt, daß niemand sie anspricht, und O fragt sich, ob sie denn *«eine Steinfigur, eine Wachspuppe, ein Geschöpf aus einer anderen Welt» (S. 150)* sei, oder ob sie es einfach nicht wagten.

Was O am Ende erreicht, ist die konsequente Realisierung ihrer Phantasie. Sie bezahlt dafür mit ihrem Ausschluß aus der bürgerlichen Gesellschaft. Aus der Demonstration der Strafe für eine verbotene Triebbefriedigung ist eine Demonstration der verbotenen Triebbefriedigung geworden:

«War es zuerst der Strafvollzug, der demütig gezeigt wurde, so ist es jetzt die Verkehrung der Strafe in Lust, die nicht mehr demütig, sondern trotzig dem Zuschauer vorgeführt wird. Ließ sich das Gefühl früher etwa übersetzen: Seht her, wie ich bestraft werde und leide!, so ist das spätere etwa gleichbedeutend mit: seht her, wie ich noch die Strafe und das Leiden genieße! Das eine ist ein Zugeständnis der Unterwerfung an die Mächte der Erziehung und der triebversagenden Außenwelt, das andere ist eine Kriegserklärung an sie. Die Demonstration beweist am Anfang die Wirksamkeit der erzieherischen und moralischen Maßregel. Sie endet mit der Zurschaustellung ihres Bankrotts.»[57]

Das Käuzchen ist im französischen Original *la chouette,*

die Eule. Die Eule hat in der Mythologie unterschiedliche duale Bedeutungen: In der antiken Naturbeobachtung erscheint sie als ernst, nachdenklich und weise. Als ägyptische Hieroglyphe bedeutet sie Tod, Nacht und Passivität. Weil sie nur in der Dämmerung oder der Nacht ausfliegt und sich gern in alten Gebäuden oder Ruinen aufhält, wird sie im Volksmund als Hexenvogel oder Gespenstertier mit dämonischer Macht ausgestattet. Sie gilt als Vorbotin von Unglück und Tod. Zugleich ist sie Sinnbild für die Fähigkeit, auch ohne Tageslicht zu sehen, also von verborgenen Geheimnissen zu wissen. Als wichtigstes Symbol der Pallas Athene steht sie für Klugheit und Weisheit. In christlichen Darstellungen weist sie dagegen auf Unglauben und Laster, besonders der Wollust und Trägheit.

In der mittelalterlichen Volkskunst ist die Eule schließlich noch Sinnbild des Till Eulenspiegels, der als Spielmann durch die Welt zieht, um den Menschen in seinem Spiegel ihre oberflächliche Dummheit und ihren Aberglauben vor Augen zu halten.[59]

Die symbolische Bedeutung von Eule und Käuzchen überschneidet sich stark. Die deutsche Übersetzung als Käuzchen legt die Betonung stärker auf die dunklen, dämonischen Aspekte.

## 5. Die Moral

In der einen Variante des Romans kehrt O nach Roissy zurück, was öfters angekündigt wird und als eine logische Konsequenz erscheint.

In der anderen Variante stirbt O. Ihr Tod erscheint zunächst unverständlich, weil es hier ja gerade nicht um die Auflösung und Überschreitung der Grenzen des Bewußtseins in Richtung Unbewußtsein geht, sondern um einen Prozeß, Unbewußtes bewußt zu machen und auszuleben. Die Grenzüberschreitung ist keine metaphysische, sondern eine gesellschaftliche. Die in den zahlreichen religiösen Bildern implizierte mystische Vorstellung vom

«Eros als Sakrament ist nicht die ‹Wahrheit›, die hinter dem wörtlichen (erotischen) Sinn des Buches [...] steht, sondern die Me-tapher dafür.»[60]

Und doch ist der Tod von O ein Ende, von dem Jean Paulhan in seinem Vorwort meint,

«daß man es nicht zu schreiben brauchte. Wir finden es mühelos selbst. Wir finden es, und es setzt uns ein bißchen zu.»[61]

Maria Marcus «findet» dieses Ende, das für sie einen Prozeß abschließt, der die ganze Person «in die totale Zerstörung»[62] führt. Auch für Jessica Benjamin

«steht am Ende zwangsläufig der Tod oder das Verlassenwerden, und so bleiben [...] beide Möglichkeiten offen, [...] weil für den masochistischen Part das Verlassenwerden das Ende, das Unerträgliche ist, während es für den sadistischen Part der Tod/die Tötung des von ihm Vernichteten ist».[63]

Aber O wird nicht zwangsläufig getötet, sondern sie selber wünscht sich den Tod. Das «mühelose» Auffinden ihres Todes als Lösung in diesen Interpretationen scheint so eher der Ausdruck eines moralischen Bedürfnisses zu sein, als daß es der Intention der Autorin entspricht – eher eine Forderung als ein Finden. Denn O stellt sich soweit außerhalb der gesellschaftlichen Norm, daß ihr Tod uns beruhigt und uns der Notwendigkeit enthebt, unsere eigenen Auffassungen zu hinterfragen und uns unseren eigenen geheimen Wünschen zu stellen.

In einem Gespräch, das Régine Deforges mit der Autorin geführt hat, wird deutlich, daß es weder in ihrer Absicht lag, am Ende ihrer Geschichte den moralischen Zeigefinger zu erheben noch ihre Leserinnen und Leser zu beruhigen. Der Tod von O stellt für sie keineswegs eine unvermeidliche Katastrophe dar. Im Gegenteil:

«Sich töten lassen von einem Menschen, den man liebt, erscheint mir als die höchste Wonne. Ich kann mich dieser Vorstellung nicht entziehen. Ich bin übrigens nicht die einzige. Die berühmten Doppelselbstmorde der Japaner sind nichts anderes als die reale Darstellung einer Idee, die unleugbar auf der Welt weit verbreitet ist.»[64]

«‹Denken Sie nur, in welchem Maß O ihren Geliebten René und Sir Stephen und diese ganze feierliche und umständliche Organisation von Nobelkerkern, Pflichtausschweifung, Eisen und Ketten benutzt, um zur Erfüllung ihres Traumes zu gelangen, daß heißt zu ihrer eigenen Vernichtung, ihrem Tod. Zwingt sie im Grunde nicht den Männern auf diesem Umweg ihren Willen auf? Und am Ende siegt sie: Man tötet sie in drei Zeilen. Versuchen Sie doch auch einmal sich absichtlich töten zu lassen...›
R.D.: ‹Das ist doch absurd.›
‹Wenn ich Ihnen aber sage, daß es ein Traum ist.›»[65]

Auf diese Weise siegt O am Ende nicht nur über Sir Stephen, sondern auch über ihre Leserinnen und Leser, die dazu provoziert werden, sie so «mühelos» zu töten, auch wenn es ihnen «ein bißchen zusetzt» und sie die erzeugte Beunruhigung nicht ganz beseitigen können.

# Neun Wochen und drei Tage

Der Roman *Neun Wochen und drei Tage – Erinnerungen an eine Liebesbeziehung* ist 1978 unter dem weiblichen Pseudonym ‹Elizabeth McNeill› in New York erschienen. Er ist aus der Sicht der Ich-Erzählerin geschrieben und berichtet rückblickend von ihrer Beziehung zu einem Mann, die genau neun Wochen und drei Tage dauerte. Der in chronologischer Reihenfolge wiedergegebene Erlebnisbericht ist in Abschnitte unterteilt, die gelegentlich von kommentierenden Einschüben ergänzt werden. Wie in der *Geschichte der O* geht es auch in dieser Erzählung um die Beschreibung einer Beziehung, die sich in dem Spannungsverhältnis von Dominanz und Unterwerfung bewegt.

## Der Inhalt

Die Protagonistin, wir erfahren weder ihren Namen noch den ihres Liebhabers, stellt sich als durchschnittliche junge Frau aus der Mittelschicht vor. Sie ist beliebt, hat einen Beruf, eine Familie, Freunde, Arbeitskollegen. Sie lebt alleine in New York und hat verschiedene Beziehungen zu Männern hinter sich.

An einem Sonntag im Mai besucht sie mit einer Freundin ein Straßenfest. Sie entdeckt einen Schal, kann sich aber nicht so recht entscheiden, ob sie ihn kaufen soll oder nicht. Als sie laut in Richtung ihrer Freundin überlegt, wird sie von einem Mann angesprochen, der sie zu ihrem Vorhaben ermuntert. Er gefällt ihr, und sie geht unmittelbar eine Beziehung mit ihm ein.

Als sie das erste Mal zusammen schlafen, hält er ihre Hände über dem Kopf fest. Beim zweiten Mal verbindet er ihr mit ihrer Erlaubnis die Augen. Beim dritten Mal hält er ihre Erregung so lange hin, bis sie ihn anfleht weiterzumachen. Beim vierten Mal bindet er mit einem Schal ihre Hände zusammen. Es gefällt ihr und bereitet ihr Lust. Sie meint, in ihm einen erfahrenen Liebhaber gefunden zu haben. Er gefällt ihr immer besser, und sie verliebt sich in ihn. Sie verbringen jeden Abend zusammen in seiner Wohnung, und allmählich, schrittweise, überläßt sie sich bei ihm einer absoluten Passivität.

*«Unsere Abende verliefen fast immer gleich.*
*Er ließ mein Bad einlaufen, entkleidete mich, legte mir Handschellen an. Ich lag im heißen Wasser, während er die Kleider wechselte und dann mit den Vorbereitungen zum Essen begann. Wenn ich soweit war, rief ich ihn. Er zog mich hoch, seifte mich langsam ein, spülte den Schaum herunter und frottierte mich. Er löste die Handschellen, streifte mir eines seiner Hemden über – [...] – und legte mir die Handschellen wieder an. Ich sah ihm beim Kochen zu. [...]*
*Er trank immer Wein, während er den Salat wusch, und gab*

*mir jedesmal einen Schluck aus seinem Glas, wenn er einen*
*Schluck nahm. Er erzählte mir, was in seinem Büro passiert*
*war, ich erzählte ihm von meinem Arbeitstag. [...]*
*Wenn das Essen fertig war, legte er eine sehr große Portion auf*
*einen Teller. [...] Ich saß, an ein Tischbein gebunden, zu seinen*
*Füßen. Er nahm einen Mundvoll fettucini, steckte dann mir*
*eine gehäufte Gabel davon in den Mund; spießte einige Kopf-*
*salatblätter für sich auf, führte die nächste Gabel an meinen*
*Mund, wischte mir das Salatöl von den Lippen und dann von*
*den seinen. Ein Schluck Wein, dann beugte er sich herunter*
*und hielt mir das Glas zum Trinken hin. Zuweilen neigte er das*
*Glas zu sehr, so daß der Wein mir über die Lippen floß und*
*weiter auf Hals und Brust. Dann kniete er vor mir und saugte*
*den Wein von meinen Brustwarzen. [...]*
*Sobald wir mit dem Essen fertig waren, ging er in die Küche,*
*um abzuwaschen und Kaffee zu machen [...] Dann las er mir*
*vor, oder wir lasen jeder für sich. Wenn ich aufsah, war das für*
*ihn das Zeichen, meine Buchseite umzuwenden. Oder wir sa-*
*hen fern oder wir arbeiteten. Vor allem redeten wir mit-*
*einander, buchstäblich stundenlang. Ich hatte noch nie so aus-*
*dauernd mit jemandem geredet. [...]*
*Wir gingen nie aus, trafen uns mit Bekannten nur zu Mittag.*
*[...] Die meisten Abende war ich an der Couch angebunden,*
*oder am Tisch davor, in seiner Reichweite.» (S. 55-57)[66]*

In dieser symbiotischen Situation intensivieren sich ihre
Lustempfindungen in einem Maße, wie sie es nie erahnt
hätte. Jede Nacht bringt etwas Neues, immer neue Möglichkeiten einer unbegrenzten Steigerung der Lust.

Sie empfindet ihr Leben fein säuberlich in zwei Hälften
gespalten: Tag und Nacht, die Zeit mit ihm und die Zeit

ohne ihn (vgl. S. 61). Je intensiver die nächtlichen Erlebnisse werden, um so mehr verliert der Tag an Realität.

*«Je eindeutiger, je konzentrierter, je ‹phantastischer› unsere Abende wurden, um so mehr wurde mein Berufsleben ein Wachtraum.*

*Es war ein angenehmer Wachtraum. Ich fühlte mich wohl dar-in, und meine Arbeit gedieh, besser sogar als zu der Zeit, in der mein Büro, meine Kunden, mein Beruf noch ernsthafte Ange-legenheiten waren, harte Realität. Wie es sich in einem Wachtraum gehört, war ich ausgeglichen, entspannt, ruhig. Den einen Tag gewann ich einen neuen Kunden, den nächsten gelang es mir, durch Liebenswürdigkeit mit einem Kollegen, nach Monaten des Ärgers, Frieden zu schließen. Ich arbeitete, ohne zu ermüden, wie schwebend. Kleine Verdrießlichkeiten, über die ich mich früher aufgeregt hätte – ein nicht erwiderter Anruf, das unmäßig lange Warten auf die Entscheidung eines Kunden, ein Kaffeefleck auf meinem Ärmel, kaum daß mein Arbeitstag begonnen hatte –: sie waren nicht mehr wichtig.*

*An die Stelle der Realität meines Tages trat äußere Ruhe und eine tiefe innere Gleichgültigkeit. Meine gleichgültigen Mit-tagmahlzeiten gingen unbemerkt an mir vorbei, unter gleich-gültigen, freundlichen Gesprächen mit gleichgültigen freund-lichen Leuten – Bekannten, Kunden oder Kollegen, es war mir alles gleich. Ich bewegte mich durch U-Bahn-Stationen und nahm den angenehmen Wechsel von hellem und dunklem Blau auf den Deckenträgern wahr. Oben dann Taxis in hübschem Gelb, einmal zählte ich auf der Park Avenue neun Taxis in einer Reihe. Eine Traumstadt ohne Abfall, gesehen von jemandem unter Drogen oder von einer äußerst kurzsichtigen Frau, die mutig und dumm ohne ihre Brille herumgeht. Menschenmen-*

*gen, die mir unwillkürlich und auf entgegekommende Weise*
*den Weg freigeben. Jeden Tag ein anderer Film, keiner davon*
*mit einer Handlung oder doch nur mit einer Handlung spie-*
*lend, so langsam, daß keine Zusammenhänge aufkommen, die*
*mich, über ihre glatte gefällige Oberfläche hinaus, beschäftigen*
*könnten; immer nur Stunden entfernt von der Wirklichkeit,*
*nur eine Unterbrechung dessen, was zählte, dessen, was wirk-*
*lich in meinem Leben vor sich ging; eine Atempause in dem*
*berauschenden und unerbittlichen Handlungsablauf, der sich*
*nachts entfaltete.*
*Die Nächte waren greifbar, rasiermesserscharf, sie leuchteten.*
*Ein neues Land, seine Landschaft so einfach wie seine Wäh-*
*rung: Hitze, Furcht, Kälte, Vergnügen, Hunger, Sättigung,*
*Schmerz, Begierde, überwältigende Wollust.*
*Scharfer Pfeffer nahm mir den Atem, der Schock von Cayenne*
*verbrannte meine Kehle, goldener Chablis streichelte meine*
*Stimmbänder, ein gewöhnlicher Schokoladepudding, den er aus*
*einem Päckchen anrührte, ging mir ins Blut. Mein Körper*
*wach und geschmeidig, bald wird er schmelzen oder brennen.*
*Jeden Abend, wenn ich nach dem Bad an mir hinuntersah –*
*Schaumtupfen auf Brustwarzen und Schamhaar, die eine*
*Handfläche gefügig in der anderen, die Handgelenke daran ge-*
*wöhnt, sich aneinander zu schmiegen, glitzernder Stahl, so*
*selbstverständlich und dekorativ wie Silberkämme im Haar, je-*
*den Abend weidete ich mich an meiner Schönheit.»* (S. 61-63)

Der Schmerz, als ein von ihrem Partner bewußt einge-
setzter intensiver Körperreiz, ist von Anfang an fester
Bestandteil der sinnlichen Erregung.

*«Kurz vor Mitternacht liegen wir auf seinem Bett. Es ergab*
*sich, daß wir zunächst keinen Wein getrunken, sondern mit-*

einander geschlafen haben, hastig und fast ganz angezogen; wir waren zusammen unter der Brause, und ich habe ihm gesagt, daß ich seit zehn Jahren zum erstenmal dusche, daß ich viel lieber in der Wanne sitze. Gehüllt in Badelaken haben wir drei große, vom Abendessen übriggebliebene Stücke Blaubeerkuchen gegessen und eine Flasche Chablis ausgetrunken. Ich liege auf dem Rücken, die Arme unter dem Kopf, und sehe zur Decke hinauf. Er liegt ausgestreckt auf dem Bauch, seinen Kopf stützt er mit dem rechten Arm, der linke liegt leicht auf meinen Brüsten. Mitten in dem statistischen Bericht, um den er mich gebeten hat – Brüder und Schwestern und Eltern und Großeltern, Heimatort, Schulen, Jobs –, höre ich auf zu reden und schließe die Augen... bitte, denke ich, nicht einmal mir selbst kann ich es richtig sagen, ich bin unfähig, mich zu ihm zuzudrehen und die erste Bewegung zu machen, bitte... Er sagt, in die Stille hinein: ‹Ich möchte dir was zeigen.› Er geht aus dem Zimmer, kommt mit seinem Rasierspiegel zurück, schlägt mich ins Gesicht und setzt sich auf die Bettkante. Mein Kopf ist seitwärts aufs Kissen gefallen. Er packt mich mit einer Hand an den Haaren und zieht meinen Kopf zurück, bis ich ihn ansehe. Er hält mir den Spiegel vor, und beide beobachten wir, wie die Male auf meiner Wange erscheinen. Ich starre mich an, hypnotisiert.

Ich erkenne dieses Gesicht nicht, es ist leer, eine Leinwand, die vier Flecken aufweist, rot wie Kriegsbemalung. Er zeichnet sie sanft mit dem Finger nach.

Am folgenden Tag, während des Mittagessens mit einem Kunden, verliere ich, mitten in einem Satz, den Faden, als das nächtliche Spiegelbild vor mir aufsteigt.

Begierde überschwemmt mich so intensiv, daß mir schlecht wird. Ich schiebe meinen Teller weg und verberge meine Hände

*unter der Serviette. Ich möchte weinen, wenn ich daran denke,
daß es noch vier Stunden sind, bis ich ihn sehe.»* (S. 27-28)

«*Zuweilen fragte ich mich, rein theoretisch, wie es möglich
war, daß Schmerz so erregend sein konnte. In dieser Zeit stieß
ich mir einmal – in Sandaletten – die große Zehe an der unter-
sten Schublade meines Schreibtischs. Ich fluchte, hüpfte auf
einem Bein, humpelte den Gang hinunter zum Büro eines
Kollegen, um bemitleidet zu werden, und konnte mich die
nächste Viertelstunde nicht auf meine Arbeit konzentrieren, da
das leichte, aber unablässige Pochen mich ablenkte und emp-
findlich störte. Aber wenn er es war, der mir Schmerz zufügte,
verwischte sich der Unterschied zwischen Schmerz und Lust
auf eine Weise, die beides zu den zwei Seiten einer Münze
werden ließ: Empfindungen verschiedener Art, aber gleicher
Wirkung, gleich intensiv, der eine Reiz genauso fähig wie der
andere, mich zu erregen. Da Schmerz immer zum Vorspiel gehörte und auch immer zum Orgasmus führte – [...] –, wurde er
zu etwas gleich Sinnlichem, zu etwas, wonach ich mich gleichermaßen sehnte, ein gleich wesentlicher Teil des Akts wie das
Liebkosen meiner Brüste.*» (S. 85)

Die Beziehung wird durch einen Zusammenbruch been-
det: Eines Morgens fängt sie an zu weinen und hört nicht
wieder auf, bis er sie Stunden später in ein Krankenhaus
bringt, wo sie ein Beruhigungsmittel bekommt. Am folgenden Tag begibt sie sich für einige Monate in psychiatrische
Behandlung. Sie wird ihn nie wieder sehen.

## Selbsterfahrung als Abenteuerurlaub

Die Protagonistin des Romans ist eine Frau, die unter dem Druck steht, einer Vorstellung entsprechen zu müssen, die sie sich von ihrer gesellschaftlichen Rolle als selbständigem, unabhängigen Individuum gebildet hat. Dieses Ideal stimmt jedoch nicht mit der Erfahrung ihres Selbst als Gesamtperson überein, so daß sie sich ständig gezwungen sieht, einen Teil ihrer Persönlichkeit, ihrer Empfindungen, Wünsche und Gedanken zu verleugnen und zu verbergen.

Sie beschreibt, wie sie als Jugendliche und auch als Erwachsene ihre geheimsten Wünsche einem Tagebuch anvertraut: heimlich, auf der Toilette, bei laufendem Wasserhahn, damit auch ja niemand etwas davon mitbekommt, in eine Geheimsprache verschlüsselt, die sie später selbst kaum entziffern kann. Eilig werden Schrank- und Zimmertüren geschlossen, um einen Einblick in das Durcheinander wahllos angesammelter Kleidungsstücke und persönlicher Erinnerungen, in denen sich ihr eigenes, inneres Durcheinander, ihre Unentschlossenheit und Unsicherheit widerspiegelt, zu verhindern.

«*Die vielen Male, da sie zur Schreibtischschublade gestürzt war, sobald die Türglocke läutete, Notizbücher unter Höschen und Taschentücher schob, das schnelle Herumschauen in letzter Minute, um sich zu vergewissern, daß nichts offen herumlag, was niemand sehen, wovon niemand etwas wissen sollte. Tagaus, tagein belastet von Heimlichkeiten, in die niemand eindringen durfte, die schreckliche Einsamkeit, die kalte Öde des Innenlebens.*» (S. 129)

Das Aufrechterhalten dieser Fassade, hinter der sie ihre vermeintliche Unzulänglichkeit verborgen hält, verlangt ständige Anstrengung und Selbstkontrolle, die wie ein innerer Zwang in ihr wirken. So ist ihr z. B. der Gedanke, eine andere Person um sich zu haben, wenn sie krank ist, sich also in einem sehr ungeschützten schwachen Zustand befindet, unvorstellbar.

Auch in ihrem Liebesleben ist sie darauf bedacht, ihre Rolle als erfahrene, leidenschaftliche Frau und Geliebte zu spielen. Sie selber ist unfähig, sich ihrer eigenen Lust hinzugeben. Sie ist weder in der Lage, etwas einzufordern noch sich selbst etwas zu nehmen. Wie O ist auch sie nicht fähig, sich selbst zu befriedigen.

«*Jahre der immer wiederkehrenden Verstellung sind hinter mir: die Macht, zu wissen, wie Ekstase geheuchelt wird, diese krämerhafte, klägliche Macht – Keuchen, Stöhnen, Aahh Liebling. ‹Dynamit im Bett›, flüstert ein Mann seinem besten Freund zu, als ich gerade das Wohnzimmer betrete – das ist erst wenige Jahre her. Ich bin bei diesem Mann nicht ein einziges Mal gekommen, nicht in zehn Monaten unermüdlicher Windungen und Verrenkungen, aber er war über meine Reaktionen beglückt. Ich sah ihm, während ich keuchte, zu, wie er, mit zusammengepreßten Lidern, kam, ein rotes Gesicht hoch über mir, ich habe mich in der Gewalt. Jetzt nicht mehr. Dieser Mann hat mich angenommen, er hat mich zu sich geholt, er beherrscht mich, er kann mich haben, ganz, er kann alles haben.*» (S. 152)

Weil die ihre gesamte Person umfassende Angst, als ungenügend erkannt und abgelehnt zu werden, eine selbstbewußte Durchsetzung des eigenen Willens ständig behindert, ist sie bemüht, Entscheidungen abzugeben, um sich zumindest eines Teils der Verantwortung zu entledigen. Sie ist ohne die anerkennende Bestätigung ihrer Freundin nicht in der Lage, einen Schal zu kaufen, den sie gern haben möchte, und sie drängt ihre Freundin beharrlich, ihr doch endlich die gewünschte Zustimmung zu erteilen. Als sie das Plazet zwar nicht von ihrer Freundin, sondern von einem Fremden bekommt, wendet sie sich sofort diesem Mann zu, von dem sie sich spontan angezogen fühlt.

Sie sucht nach einem Menschen, der die Macht über sie annimmt und ihr die Sicherheit und Geborgenheit bietet, die sie zu ihrer Selbstverwirklichung braucht. Sie «erkennt» diese Fähigkeiten bei ihrem neuen Liebhaber sofort, ohne sich dessen bewußt zu sein. Gleich auf den ersten Seiten, die sich auf die ersten Begegnungen zwischen ihnen beziehen, beschreibt sie alle Eigenschaften, die ihr an ihm wichtig sind:

Alles an seiner Person ist absolut ordentlich. Er hat für jede Kleinigkeit in seinem Leben eine klare Entscheidung getroffen. Seine asketisch eingerichtete Wohnung ist immer aufgeräumt, die Laken auf dem Bett sind immer frisch, seine Kleidung ist immer gleich, dezent und seriös, nirgendwo das kleinste Anzeichen spontaner, emotionaler Unberechenbarkeiten. Dabei ist er absolut zuverlässig, zärtlich und fürsorglich. Sie kann sich darauf verlassen, daß er immer die völlige Kontrolle über sich und die Situation behält und daß sie immer seine volle Aufmerksamkeit besitzt.

Nach den Ausführungen von M. Masud R. Khan wird in der psychoanalytischen Literatur das Thema Perversion meist unter dem Aspekt der

«Intensität prägenitaler Impulse, der Ich-Schwäche und daraus resultierender geringerer Angsttoleranz sowie eines strengen, archaischen, Druck ausübenden Über-Ich diskutiert».[67]

Dabei bleibt seiner Meinung nach oft unberücksichtigt, daß sich eine Perversion immer als Beziehung zwischen zwei Personen realisiert, die ihre eigene innere Dynamik und ihre eigene spezifische Qualität aufweist. Am Beispiel der masochistischen Erfahrungen einer seiner Patientinnen erläutert er die «Notwendigkeit», die die perverse Komplizenschaft dieser Frau mit ihrem Liebhaber in einer bestimmten Phase ihrer Entwicklung hatte. Statt einen depressiven Zusammenbruch zu erleiden, war es ihr mit Hilfe dieser Affäre möglich geworden, einen Erfahrungsprozeß in Gang zu setzen.

Khans Ansicht nach entstehen

«alle Perversionen [...] aus einer symbiotischen, sowohl unbewußten wie auch empathischen Komplizenschaft zwischen zwei Personen»[68],

in der der passive Wille der einen Person mit dem aktiven Willen der anderen Person zusammentrifft und dadurch eine gegenseitige Aktualisierung in Erfahrung ermöglicht wird. So beschreibt Khan, wie im Verlauf der Gespräche mit seiner Patientin, die ihm zunächst durchaus den Eindruck eines «Opfers» der sexuellen Phantasien und Forderungen ihres Liebhabers vermittelt hatte, immer deutlicher wurde, daß dieser im Grunde genommen nur auf die unausgesprochenen Forderungen ihres passiven Willens reagierte.

«Sie kam von dem Gefühl nicht los, daß sie alles, was er sexuell in ihr mobilisieren konnte, in vager verborgener Form bereits ‹kannte›.

Manchmal hatte sie sich sogar gefragt, ob er nicht nur mit ihr und für sie das in Szene setzte, was sie sich immer gewünscht hatte, was ihr aber bis dahin nicht faßbar gewesen war und was sie nicht in Gewahrwerden und Begehren hatte umsetzen können.»[69]

Eine solche empathische Komplizenschaft, wie sie Khan anhand der Erfahrungen seiner Patientin beschreibt, wird auch zwischen ‹Elizabeth McNeills› Protagonistin und ihrem Liebhaber dargestellt. Mit Hilfe seines aktiven Willens wird es ihr möglich, ihre passiven Wünsche aktiv durchzusetzen. Er hilft ihr, das zu tun, was sie selber will.

Als sie die ersten Male zusammen schlafen, läßt sie sich die Hände fesseln und die Augen verbinden. Es gefällt ihr. Ohne ihre Hände benutzen zu können und ohne etwas zu sehen, bleibt ihr selbst nichts mehr zu tun. Sie hat damit alle Aktivität und auch alle Verantwortung für die eigene Lust und für die Lust des anderen abgegeben. Sie braucht keine Erwartungen zu erfüllen und weder sich noch dem anderen irgendwelche «Fähigkeiten» als Liebhaberin und als Frau zu beweisen. Später bezeichnet sie seine Frage, ob er ihr die Augen verbinden dürfe, als seine erste und letzte Frage von Gewicht, d. h. ihre Zustimmung in diesem Moment als grundsätzliches Einverständnis, die Verantwortung für sich, die Gewalt über sich, an ihn abzugeben (vgl. S. 110). Wochenlang empfindet sie *«ein überwältigendes Gefühl der Erleichterung, von der Last des Erwachsenseins befreit zu sein.»* (S. 109-10)

Die *«Befreiung von der Last des Erwachsenseins»* ist die Überwindung der verinnerlichten äußeren Zwänge, die eine selbstbewußte Lebendigkeit und ein lustvolles Genießen verhindern. Mit Hilfe der gewaltsamen Inszenierungen seines aktiven Willens gelingt es ihr, schrittweise die starren Mauern ihrer Ich-Widerstände zu durchbrechen.

*«‹Nein›, sage ich, zunächst unhörbar. ‹Nein›, sage ich, ‹bitte...›*
*Er beugt sich vor und wischt sich mit einer heftigen Bewegung*
*das Haar aus der Stirn. ‹Ich komm mir vor wie ein Hund›, sage*
*ich, ‹so rumzukriechen... Ich hab Angst, daß du dich über mich*
*lustig machst.›*
*‹Du sollst dir auch dumm vorkommen›, sagt er. ‹Was du für*
*einen Scheiß daherredest. Wenn ich mich je über dich lustig*
*mache, sag ich dir's schon.› Ich schüttle den Kopf, stumm.*
*Stirnrunzelnd und mich fixierend, kommt er auf mich zu und*
*geht an mir vorbei. Ich sitze stocksteif auf dem Rand des Ses-*
*sels, mit zusammengepreßten Knien, die Unterarme gegen*
*meine Bauchmuskeln gepreßt. Seine Hände sind auf meinen*
*Schultern. Ich werde nach hinten gezogen, bis meine Schulter-*
*blätter das Rückenpolster berühren. Dann seine Hand in*
*meinem Haar, sie massiert meine Kopfhaut, schließt sich zur*
*Faust, zieht meinen Kopf langsam nach hinten, bis mein Ge-*
*sicht waagerecht liegt, mein Scheitel an seinem Schwanz. Er*
*reibt mit seinen Handballen über meine untere Gesichtshälfte.*
*Mein Mund öffnet sich bald. Als ich rhythmisch stöhne, verläßt*
*er das Zimmer und kommt mit der Reitpeitsche zurück. Er legt*
*sie auf den Couchtisch.*
*‹Sieh's dir an›, sagt er. ‹Sieh mich an. In drei Minuten kann ich*
*dich so zurichten, daß du eine Woche im Bett bist.› Aber ich*
*höre ihn fast nicht. Der auf endoskopische Maße verengte fi-*
*bröse Kanal, den ich statt einer Luftröhre im Hals habe, erlaubt*
*mir nur ganz kleine Atemzüge.*
*‹Kriech!› sagt er. Ich bin wieder auf allen vieren. Ich presse*
*mein Gesicht an meine rechte Schulter und spüre, wie das Zit-*

tern meines Kinns sich, statt nachzulassen, auf meinen Körper überträgt, Zentimeter für Zentimeter, bis auch meine Arme und Beine zittern, hinunter bis zu den Zehen. Ich höre das Ende des lederbezogenen Peitschengriffs über die Tischplatte scharren. Ein weißglühender Schmerz springt sengend über die Rückseite meiner Schenkel. Meine Augen sind voller Tränen, plötzlich, wie durch Zauberschlag. Wie aus einer bedrohlichen Erstarrung befreit, krieche ich vom Sessel zur Schlafzimmertür und, locker und leicht, bis zur Stehlampe in der entfernten Ecke; eine laut schnurrende Katze windet sich S-förmig um meine Arme. Beide Strümpfe reißen an den Knien, und ich spüre, wie sich an meinen beiden Schenkeln eine Laufmasche ruckweise hocharbeitet. Als ich fast die Couch erreicht habe, packt er mich, drückt mich flach auf den Boden, dreht mich auf den Rücken.

Es ist das erste Mal mit ihm und das erste Mal überhaupt, daß ich gleichzeitig mit einem Liebhaber komme. Dann leckt er mein Gesicht ab. Jede einzelne Stelle ist zunächst warm und – sobald seine Zunge sich weiterbewegt – plötzlich kalt, Schweiß und Speichel verdunsten in der klimatisierten Luft.

Als er innehält, öffne ich die Augen. ‹Aber du schlägst mich trotzdem›, flüstere ich, ‹auch, wenn ich tue, was du...› – ‹Ja›, sagt er. ‹Weil du mich gern schlägst›, flüstere ich. ‹Ja›, sagt er, ‹ich sehe gern zu, wie du zusammenzuckst, und ich halt dich gern fest, und ich hör dich gerne betteln. Ich liebe die Laute, wenn du nicht mehr still sein kannst, wenn du dich nicht mehr beherrschen kannst. Ich liebe es, einen blauen Flecken an dir zu sehen und zu wissen, woher er stammt, Striemen auf deinem Arsch.› Mich fröstelt. Er greift hinter sich und zerrt die alte Decke hervor und herunter, die, zusammengefaltet unter einem Kissen, immer in einer Ecke der Couch liegt. Er schüttelt sie *auseinander, deckt mich zu und sagt, während er die seidene Einfassung unter meinem Kinn festdrückt: ‹Und auch, weil du das willst.› – ‹Ich will's auch›, flüstere ich. ‹Nur dann nicht... nie während...› – ‹Ich weiß›, sagt er, nah an meinem Ohr, die Hände sanft auf meinem Kopf, tief in meinem Haar vergraben.» (S. 97-99)*

Schmerz und Fesselung sind Inhalt eines zärtlichen Bemühens, in einer Welt, wie Medart Boss anhand der Erfahrungen eines seiner Patienten ausführt,

«in der eine extreme Vereinzelung und Erstarrung die Austragungsmöglichkeiten der Liebe in den leiblichen und geistigen Regionen tief verschüttet und verdeckt hielt, die Verkrustungen, die widerständigen Schalen und Mauern doch noch zu sprengen und sich Zugang und Einlaß zu verschaffen zum liebenden Wesenskern menschlichen Seins, zur Liebeseinung mann-weiblichen Wesens».[70]

Es gelingt der Protagonistin, mit Hilfe ihres Liebhabers eine Leidenschaftlichkeit zu wecken und zum Durchbruch zu verhelfen, die für sie vollkommen neu und einzigartig ist. Die Inszenierungen ihres Partners eröffnen ihr ungeahnte Möglichkeiten einer ständigen Steigerungsfähigkeit ihrer Lustempfindungen. Dabei ist sie sich ihrer aktiven, fordernden Einflußnahme in keiner Weise bewußt. Ganz im Gegenteil sieht sie in den Reaktionen ihres Körpers allein das Resultat seiner Bemühungen, für die sie nicht verantwortlich ist.

*«Manchmal, in der Badewanne, oder wenn ich mich unversehens im Spiegel sah, betrachtete ich meine blauen Flecken mit der unbeteiligten Neugier, mit der man Schnappschüsse von*

*den Verwandten anderer Leute betrachtet. Sie hatten nichts mit mir zu tun. Mein Körper hatte nichts mit mir zu tun. Er war ein Köder, ein Mittel – so zu benutzen, wie er es entschied, mit dem Ziel, uns beide zu erregen.»* (S. 100)

*«Da ist ein Laut, weit fort, er hat mit mir zu tun und hat ganz bestimmt nichts mit mir zu tun, keine Verantwortung. Mein Körper liefert sich aus, gibt sich hin. Keine Grenzen. Fremde Laute, weit weg. Ich bin nicht verantwortlich.»* (S. 152)

In dieser Reaktion der Spaltung sieht Khan einen Mechanismus, der eine wichtige Rolle spielt für die «Aufrechterhaltung jenes Hauchs von Unschuld, der das ‹Opfer› einer perversen Beziehung umgibt».[71] Je untätiger sie sich verhält, desto stärker wird ihre sinnliche Empfindsamkeit. In der empathischen Komplizenschaft zwischen den Partnern wird ein Prozeß in Gang gesetzt, in dem die Ich-Erzählerin sich immer weiter dem aktiven Willen ihres Liebhabers unterordnet und von ihm eine Durchsetzung und Realisierung ihrer passiven Wünsche einfordert.

*«Statt des unberührten Sandwichs vor mir sehe ich mich selbst, ans Bett gebunden, an den Eßzimmertisch gebunden, an die Beine des Waschbeckens im Bad gebunden, erhitzt im Dampf, während er duscht; ich höre dem Wasser zu, Schweißperlen kitzeln auf meiner Oberlippe, meine Augen sind geschlossen, mein Mund offen; gebunden und nackt, gebunden und reduziert auf ein einziges Verlangen: mehr.»* (S. 59)

Allmählich wird ihr Liebhaber gleichzeitig zu ihrem Herrn und ihrem Sklaven. Sie läßt sich von ihm an- und ausziehen, er sucht ihre Kleidung aus und kümmert sich um die Wäsche. Er bekocht und füttert sie, sie wird von ihm abgeschminkt, gewaschen, gekämmt und zu Bett gebracht. Immer wieder arrangiert er neue Abenteuer für sie, in denen er ihre unbewußten Wünsche in Szene setzt und sie über die Grenzen ihrer bisherigen Erfahrungsmöglichkeiten hinaustreibt. So stiehlt sie z. B. auf seine Anweisung hin in einem Kaufhaus ein Medaillon:

*«Meine Ohren glühen, als wollten sie mein Haar in Brand setzen. Ich warte darauf, daß das Blut sich aus meinem Gesicht zurückzieht, ich sehe eine Ader in meiner auf dem Ladentisch liegenden Hand pulsieren, ich verliere die Ader aus den Augen und sehe statt ihrer nun die Hand: sie hat sich um das herzförmige Medaillon geschlossen.» (S. 116-17)*

Und später, auf dem Nachhauseweg:

*«Er ist zufrieden mit mir, aber auf eine so sachliche, selbstverständliche Weise, daß ich denke: Er hat die ganze Zeit gewußt, daß ich es tun werde, er hat keinen Augenblick daran gezweifelt.» (S. 118)*

Einmal läßt er sie sich als Mann verkleiden und besucht mit ihr eine Bar. Oder sie überfällt, wiederum auf seine Anweisung hin, als Mann verkleidet und mit einem Messer bewaffnet, einen anderen Mann und raubt dessen Brieftasche. Bei diesen Unternehmungen kommt es ihm ausschließlich auf das Erlebnis an sich an, nicht auf die gestohlenen Gegenstände. Medaillon und Brieftasche werden sofort wieder zurückgegeben. Ein anderes Mal bestellt er sie in ein Stundenhotel und läßt sie dort von einer Prostituierten ebenfalls als Prostituierte verkleiden.

«*Bei dem Gedanken an meine so extravagant geschnürten Brüste muß ich lachen. ‹Was ist jetzt wieder komisch?› fragt er. ‹Also›, sage ich, ‹versetz dich doch mal in meine Lage. Du bist in einem Hotel, mit verbundenen Augen, und jemand, den du nicht kennst, preßt dich in einen Pin up-BH, für den du zwischen zwölf und achtzehn zwei Vorderzähne gegeben hättest, nur daß deine Mutter dir nie erlaubt hätte, so etwas zu tragen.›*» (S. 142)

Fertig angezogen und geschminkt betrachtet sie sich im Spiegel:

«*Es ist eine Erscheinung, von der man in Begleitung eines Mannes den Blick abwendet, und die man, unbeobachtet und allein, wiederholt rasch mustert: [...]*» (S. 144)

Auf seine Inszenierungen, auf die sie sich jedes Mal zwar ängstlich, aber widerspruchslos einläßt, reagiert sie mit sinnlicher Erregung, die schließlich immer in Befriedigung mündet.

Sie selbst bezeichnet ihre Entwicklung in der Beziehung als Lernprozeß, in dem sie über sich selbst belehrt wird und in dem sie ihre Grenzen überschreitet (vgl. S. 153). Doch sie stellt die physischen und psychischen Erfahrungen, die sie macht, außerhalb ihrer selbst. Der Lernprozeß bewirkt keine Veränderung in ihrer Person. Sie empfindet ihr Leben säuberlich geteilt in zwei voneinander vollkommen verschiedene Bereiche, und die eine Grenze, welche die beiden in Konflikt befindlichen Persönlichkeitsbereiche voneinander trennt, wird nie überschritten.

*«Es wurde mir – und ihm – klar, daß mein Leben säuberlich in zwei Hälften gespalten war; Tag und Nacht, mit ihm und ohne ihn. Und daß es ein Fehler war und möglicherweise gefährlich, die beiden Hälften zu vermischen [...]» (S. 61)*

Ihr Leben ist gespalten wie ihre Person: öffentlich und privat, außen und innen, Verantwortung und Selbstaufgabe, Kopf und Körper.

*«Während der ganzen Zeit lebte ich tagsüber nach den gleichen Spielregeln wie vorher: Ich war unabhängig, ich kam für mich selbst auf [...], traf meine eigenen Entscheidungen, traf meine eigene Wahl. Die nächtlichen Spielregeln bestimmten, daß ich hilflos war, abhängig, ganz umsorgt. Niemand erwartete Entscheidungen von mir, ich trug keine Verantwortung. Ich hatte keine Wahl.*
*Ich liebte das, ich liebte das, ich liebte das, ich liebte das, ich liebte das. Von dem Augenblick an, in dem ich die Tür seiner Wohnung hinter mir zumachte, gab es für mich nichts mehr zu tun, ich war dazu da, mit mir geschehen zu lassen.» (S. 109)*

Je mehr Raum aber der «nächtliche» Bereich in ihrem Leben einnimmt, je stärker dieser an Realität gewinnt und die Realität des Tages zu verdrängen droht, desto größer wird die Angst in ihr, vollständig die Orientierung zu verlieren und nicht länger auf die alten Muster erlernter Verhaltensrichtlinien zurückgreifen zu können.

«‹Ich habe Angst.› Wieso auch nicht? denke ich, während ich
gleichzeitig in die Muschel flüstere, hinter mir meine lichterloh
brennenden Brücken, Wahrzeichen dessen, was ich für ihn
aufgegeben habe: ein übersichtliches Geflecht von Verhaltensweisen, wenn auch aus zweiter Hand: Wie man lebt, in
Jahrzehnten zusammengetragen.» (S. 130-31)

Die Anforderungen an ihn, ihr die nötige Sicherheit zu
geben, ihr einen Rahmen aufzubauen, innerhalb dessen sie
sich orientieren kann, und für sie die Kontrolle aufrechtzuerhalten, werden immer größer. «Solange er mich liebt, bin ich
gerettet.» (S. 132)
Unter dem ersten Anzeichen von Schwäche auf seiner
Seite verliert die Illusion seiner Macht ihre Wirkung und
löst in ihr sofort eine panische Angstreaktion aus.

«‹Manchmal, im Laufe des Tages, kriege ich beim Gedanken,
wie weit wir gehen werden, einen Dauerständer.› Er strich
langsam mit dem Daumen über die blättrige Schicht rund um
meinen Mund. ‹Und manchmal hab ich Angst...› Er lachte.
‹Du, da ist noch Pastete vom Abendessen. [...]›
Am nächsten Morgen, beim Zähneputzen nach dem Frühstück,
fing ich zu weinen an.» (S. 155)

Die Beziehung gab ihr die Möglichkeit, ihre in scham-
hafter Weise abgespaltenen, unakzeptierten sexuellen
Bedürfnisse auszuleben. Doch die Erfahrungen, die sie
machte, ihre Sinnlichkeit, blieben ein von ihr losgelöster
Teil. Nicht einen Augenblick wurde sie sich ihrer eigenen
Aktivität bewußt, mit der sie ihre passiven Wünsche gegen
ihre inneren Widerstände durchsetzte. Ihr war nicht klar,

daß sich die Aktivitäten ihres Partners an ihren unausgesprochenen Forderungen orientierten.

Sie bricht die Beziehung, wiederum in passiver, unbewußter Form, durch einen Nervenzusammenbruch ab und
sucht eine neue, von außen kommende Sicherheit in einer
analytischen Beziehung. Doch auch diese hilft ihr nicht, ihre
Erfahrungen positiv für sich zu nutzen und zu ihrem eigenen Willen und ihrer eigenen Macht Zugang zu finden.

*«Ich bin wieder erwachsen und verantwortlich, rund um die
Uhr. Was bleibt, ist, daß mein Empfindungs-Thermostat nicht
mehr funktioniert: Es ist jetzt schon Jahre her, und manchmal
frage ich mich, ob mein Körper je wieder anders reagieren wird
als lau.»* (S. 157)

Aus beiden Prozessen geht sie unverändert hervor. Sie
hat ihrem Leben nur einen weiteren Abschnitt hinzugefügt,
der verheimlicht werden muß.

*«Ich habe ‹es› nie benannt. Ich habe niemandem davon erzählt.
Daß ich es war, die diese Zeit durchlebt hat, erscheint mir jetzt
unvorstellbar. Auf diese Wochen wage ich nur wie auf ein iso-
liertes Geschehnis zurückzublicken, das jetzt Vergangenheit
ist; ein Abschnitt meines Lebens, unwirklich wie ein Traum
ohne Bedeutung.»* (S. 29)

# Zum Begriff der Perversion

I

Der Masochismus ist eine bestimmte Form sexueller Perversion. Doch was ist überhaupt eine Perversion, und welche Konsequenzen sind damit verbunden, ein bestimmtes sexuelles Verhalten als pervers zu bezeichnen?

Der Begriff des «Perversen» ist negativ besetzt und wird mit Abnormität und Pathologie in Verbindung gebracht. Der Duden von 1966 definiert pervers als «verdreht, verkehrt, (geschlechtlich) entartet, verdorben; widernatürlich; Perversion, Pervertierung(en): widernatürliche Triebrichtung, krankhafte Abweichung vom Normalen».[72] In der Ausgabe von 1982 wird die Formulierung etwas vorsichtiger, ohne jedoch den Sinn zu verändern: unter dem Stichwort «pervers» steht nun «andersartig veranlagt, empfindend; von der Norm abweichend, bes. in sexueller Hinsicht. ‹Perversion›: krankhafte Abweichung vom Normalen, bes. in sexueller Hinsicht». Der Begriff der Entartung taucht hier nur noch in der Erklärung von «pervertieren» als «1. vom Normalen abweichen, entarten. 2. verdrehen, verfälschen;

ins Abnormale verkehren» und «Pervertierung(en)»: «1. das Pervertieren, Verkehrung ins Abnormale. 2. das Pervertiertsein, Entartung» auf.[73]

Diese Auffassung folgt einer Tradition genetisch begründeter Entartungstheorien, die in der zweiten Hälfte des 19. Jahrhunderts von Wissenschaftlern wie Richard von Krafft-Ebing formuliert wurden, der mit einem besonderen Interesse an der forensischen Psychiatrie eine enzyklopädische Zusammenstellung aller erdenklichen Formen «perversen» Verhaltens erarbeitet hat und dessen Buch ein Bestseller wurde. Die 12. Ausgabe seiner *Psychopathia Sexualis* von 1903, die letzte, die von Krafft-Ebing selbst vorbereitet wurde, umfaßte 437 Seiten und 238 Fallgeschichten.[74]

Das «Normale» = «Natürliche», an dem sich diese Begriffsbestimmung orientiert, ist der in einer heterosexuellen und monogamen Beziehung etwa zweimal wöchentlich zu vollziehende, auf Fortpflanzung gerichtete Geschlechtsverkehr – heute kurz als «Penis-in-Vagina-Sex» bezeichnet. Jede über diesen «Akt» hinausgehende Handlung ist definitionsgemäß pervers – also küssen, streicheln und kuscheln ebenso wie fesseln und peitschen. Für jede dieser Handlungen existiert eine pathologisierende Begriffsbestimmung, sei es nun Infantilismus oder Sadomasochismus.


II


Im Gegensatz zu dieser Auffassung gelangte Sigmund Freud bereits 1904 zu der Ansicht, daß die Anlage zu den Perversionen die ursprüngliche allgemeine Anlage des menschlichen Geschlechtstriebes darstelle, aus der im Laufe der Reifung, infolge organischer Veränderungen und psychischer Hemmungen, das normale Sexualverhalten entwickelt werde. Der Geschlechtstrieb des Erwachsenen sei somit etwas Komplexes, aus vielen Faktoren Zusammengesetztes, das in den Perversionen gleichsam in seine Komponenten zerfalle.[75] In seinem Aufsatz *Die sexuellen Abirrungen* weist Freud darauf hin, daß sich die Bezeichnung eines bestimmten Sexualverhaltens als pervers meistens auf ein rein konventionelles Ekelgefühl gründe, dessen Grenze individuell verschieden sein könne.[76] Seiner Auffassung nach stellt die oben dargestellte Norm «ein sehr ungetreues Abbild der Wirklichkeit»[77] dar. Er schreibt:

«Bei keinem Gesunden dürfte irgendein pervers zu nennender Zustand zum normalen Sexualziel fehlen und diese Allgemeinheit genügt für sich allein, um die Unzweckmäßigkeit einer vorwurfsvollen Verwendung des Namens Perversion darzutun. Gerade auf dem Gebiete des Sexuallebens stößt man auf besondere, eigentlich derzeit unlösbare Schwierigkeiten, wenn man eine scharfe Grenze zwischen bloßer Variation innerhalb der physiologischen Breite und krankhaften Symptomen ziehen will.»[78]

Diese unlösbaren Schwierigkeiten werden deutlich, wenn Freud auf der einen Seite nicht darauf verzichten kann, bestimmte Formen von Perversionen als krankhaft zu bezeichnen, sofern sie sich über ein unbestimmtes Maß hinaus vom Normalen entfernen und in Ausschließlichkeit und Fixierung dieses ersetzen, der Charakter des Krankhaften einer Perversion also nicht im Inhalt, sondern in seinem Verhältnis zum Normalen bestimmt wird.[79]

Auf der anderen Seite spricht sich Freud z. B. ganz entschieden gegen eine Pathologisierung der Homosexualität in jeder Form aus, da diese der Möglichkeit nach in jedem Individuum vorhanden sei (eine Tatsache, die seinen eigenen Ausführungen zufolge für jedes pervers zu nennende Verhalten gilt), und gelangt zu der Feststellung, daß auch die heterosexuelle, normale Objektwahl in ihrer Ausschließlichkeit und Fixierung als ein im psychoanalytischen Sinne pathologisches sexuelles Verhalten bezeichnet werden könne.

«Die psychoanalytische Forschung widersetzt sich mit aller Entschiedenheit dem Versuche, die Homosexuellen als eine besonders geartete Gruppe von den anderen Menschen abzutrennen. [...]
Der Psychoanalyse erscheint vielmehr die Unabhängigkeit der Objektwahl vom Geschlecht des Objekts, die gleiche freie Verfügung über männliche und weibliche Objekte, wie sie im Kindesalter, in primitiven Zuständen und frühhistorischen Zeiten zu beobachten ist, als das Ursprüngliche, aus dem sich durch Einschränkung nach der einen oder der anderen Seite der normale wie der Inversionstypus entwickeln. Im Sinne der Psychoanalyse ist also auch das ausschließliche Interesse des Mannes für das Weib ein der Aufklärung bedürftiges Problem und keine Selbstverständlichkeit.»[80]

Somit kann auch die Norm eine unter konventionellen Umständen gebildete Einschränkung der sexuellen Möglichkeiten darstellen, die nicht zwangsläufig mit dem «Normalen» übereinstimmen muß, während auf der anderen Seite ein den Perversionen subsumiertes Verhalten «normal» sein kann, obwohl es weit von der Norm abweicht. Der Versuch, die Pathologie einer Perversion in ihrem Verhältnis zum Normalen zu bestimmen, stößt somit immer wieder auf die Unmöglichkeit, eben dieses «Normale» eindeutig zu definieren, weil die menschliche Sexualität immer nur als gesellschaftlich geformte und niemals in einer sogenannten unverfälschten Natürlichkeit existiert.

Aus diesen Ausführungen läßt sich letztendlich aber eines mit Sicherheit schließen: Die gedankliche Gleichsetzung von Perversion und Pathologie ist in den allermeisten Fällen ungerechtfertigt.

III

Welche Konsequenzen folgen nun daraus, daß bestimmte sexuelle Verhaltensweisen im allgemeinen als pervers im Sinne von pathologisch beurteilt werden?

Nach Freud stehen den angeborenen, in der Konstitution gegebenen Wurzeln des Sexualtriebes drei Möglichkeiten der Entwicklung offen: 1. Sie entwickeln sich zu den wirklichen Trägern der Sexualtätigkeit (Perversion); 2. Sie erfahren eine ungenügende Unterdrückung/Verdrängung, so daß sie auf einem Umweg als Krankheitssymptome einen beträchtlichen Teil der sexuellen Energie an sich ziehen (Neurose); oder aber, sie lassen 3. durch wirksame Einschränkung und sonstige Verarbeitung das sogenannte normale Sexualleben entstehen.[81]

Die Mächte, die eine Entwicklung in den als normal geltenden Schranken bewirken sollen, sind «der Ekel, das Schamgefühl, die ästhetischen und moralischen Idealanforderungen».[82] Der Anstoß zu dieser Entwicklung kommt aus dem Individuum selbst und ist in dem Bestreben des Kindes nach Autonomie und nach Anerkennung begründet; die Richtung und die Ausformung wird von äußeren Faktoren wie der Erziehung bestimmt, die darauf einwirkt, daß die Energien der infantilen Sexualregungen «– ganz oder zum größten Teil – von der sexuellen Verwendung abgeleitet und anderen Zwecken zugeführt» werden.[83]

Wenn diese Sexualverdrängung aufgrund konventioneller Einschränkungen zu weit geht und die Widerstände, die sich aufgrund zu hoher Idealanforderungen einer Ausführung entgegenstellen, zu groß werden, dann bleibt nur der Ausweg in die Neurose, die «den Konflikt nicht löst, sondern ihm durch die Verwandlung der libidinösen Strebungen in Symptome zu entgehen sucht».[84]

Freud zufolge lassen sich neurotische Symptome regelmäßig auf die Verdrängung sexueller Triebwünsche zurückführen – oder, anders ausgedrückt, wenn es den Menschen möglich wäre, ihre Triebwünsche ohne Ablenkung vom Bewußtsein direkt in Phantasien und Taten äußern zu können, wären sie nicht gezwungen, sie in neurotische Symptome zu verwandeln.[85]

Folglich ergibt sich die Bedingung der Pathologie im Sinne einer neurotischen Erkrankung nicht so sehr aus dem Verhältnis von inhaltlicher Ausgestaltung einer perversen Neigung zum «normalen» Sexualleben, sondern aus dem innerpsychischen Konflikt, der sich aus diesem Spannungsverhältnis ergibt, und der Unfähigkeit eines Individuums, diesen Konflikt zu lösen. Dem entspricht es, daß die in der Theorie beschriebenen Erkenntnisse in der Regel aus den Erfahrungen mit neurotischen Patienten innerhalb der psychoanalytischen Praxis gewonnen werden – also Personen, die ihre Neigungen als problematisch empfinden und zur Lösung ihrer Konflikte die Unterstützung und Hilfe eines Arztes suchen – von wo aus sie dann verallgemeinert werden. Die Beweggründe und Erfahrungen von Menschen, die ihre perversen Praktiken nicht in einer solchen Form konflikthaft erleben, bleiben dabei unberücksichtigt. Masud R. Khan bemerkt dazu selbstkritisch:

«Da wir uns in der klinischen Psychoanalyse bei Perversionen vorwiegend mit deren Pathologie beschäftigen, ist uns der Blick für bestimmte Zusammenhänge psychischer Abläufe und sinnlicher Lust, die im guten und bösen ihre eigenen spezifischen Qualitäten haben, etwas getrübt worden.»[86]

IV

Die moralische Verurteilung perverser Handlungen, die ein wesentlicher Bestandteil der normalen Sexualität sind, trägt dazu bei, den pathologischen Zustand, den sie ihnen zuschreibt, erst hervorzurufen. Zu einer solchen Einschätzung gelangt auch Andreas Spengler:

«Daß diese Zusammenhänge zwischen Realisierungsmöglichkeiten der Deviation und innerer Zufriedenheit, Stabilität oder Freiheit von Symptomen psychischen Leidens bestehen, zeigt sich auch in meinen Ergebnissen.»[87]

In seiner Untersuchungsgruppe, die sich aus Männern zusammensetzt, die in einer Subkultur organisiert waren, konnte er feststellen, daß heterosexuell orientierte Sadomasochisten fast durchgängig zu einer wesentlich negativeren, ambivalenteren Selbstbeurteilung neigen als bisexuell oder homosexuell orientierte und daß von Heterosexuellen wesentlich häufiger Therapie- und Beratungsangebote in Anspruch genommen werden.

Neben dem sozialen Rückhalt, den homosexuelle Sado-masochisten in der gut organisierten, stabilen homose-xuellen Subkultur bekommen können, liegt dies für Speng-ler vor allem auch an den damit zusammenhängenden bes-seren Chancen Homosexueller, einen Partner zu finden und ihre sadomasochistischen Neigungen ausprobieren und realisieren zu können. Seiner Meinung nach ist es ange-sichts der äußeren Belastungen, der Schwierigkeiten bei der Suche nach einer Partnerin und der bestehenden Isolation an sich bemerkenswert, daß heterosexuelle Sadomasochi-sten, wenn auch in relativ geringem Maße, überhaupt eine Subkultur ausbilden.

In Anbetracht dieser Beobachtungen erscheinen auch die empirischen Ergebnisse über das scheinbar so überaus ge-ringe Interesse von Frauen an sadomasochistischen Inhal-ten in einem anderen Licht. Frauen befinden sich, was die Möglichkeiten einer Realisierung von der Norm abwei-chender sexueller Interessen betrifft, in einer noch schwie-rigeren Situation als beispielsweise heterosexuelle Männer. Die Vermutung, daß das so selten feststellbare derartige In-teresse bei Frauen somit nicht der realen Situation entspricht, sondern als Ergebnis der bestehenden sozialen Lebensverhältnisse von Frauen interpretiert werden kann, läßt sich zwar nicht empirisch belegen; sie wird meines Er-achtens jedoch durch die Tatsache bestätigt, daß inzwischen auch innerhalb der lesbischen Subkultur sadomasochisti-sche Interessen stärker thematisiert und auch praktiziert werden.[88]

# Zum Verhältnis von
# künstlerischer Phantasie und Gesellschaft

Die Romane *Geschichte der O* und *Neun Wochen und drei Tage* bilden Realität nicht authentisch ab, sondern sind Formen der ästhetischen Verarbeitung und Gestaltung eines erotischen Themas. Als Literatur sind sie individueller Ausdruck des Bewußtseins ihrer Autorinnen und stellen eine auf dem Hintergrund subjektiver Erfahrungen entstandene Interpretation eines Ausschnittes gesellschaftlicher Wirklichkeit dar. Die in sie eingegangenen Erfahrungen können nie als objektiv verbindlich, beweisbar und in naturwissenschaftlichem Sinne «wahr» gelten. Und doch spiegeln sie in vielfältiger Weise gesellschaftliche Wirklichkeit wieder.

«Individuelle Erfahrung, wie sie das Kunstwerk verkörpert, ist nicht weniger gültig als die organisierte, welche die Gesellschaft zur Naturbeherrschung einsetzt. Obwohl ihr Kriterium allein in ihr selbst liegt, ist Kunst nicht weniger Erkenntnis als die Wissenschaft.»[89]

Die Wirkung, die ein Kunstwerk hervorruft, muß nicht zwangsläufig mit der von einem Künstler oder einer Künstlerin beabsichtigten übereinstimmen und kann sich je nach den historischen und sozialen Bedingungen, auf die sie trifft, verändern. So verstanden ist ein Kunstwerk ein komplexes soziales Gebilde, dessen Entstehung, Erscheinung und Wirkung durch soziale Faktoren bedingt und soziologisch interpretierbar sind. Seine ästhetische Qualität allerdings läßt sich ebensowenig exakt wissenschaftlich erfassen wie irgendein anderes seelisches Erlebnis. Jede rationale wissenschaftliche Annäherung in der Erfassung der Eigenart und Komplexität eines Kunstwerkes ist zwar von vornherein begrenzt und zerstört ein Stück weit die ästhetische Illusion. Kunst ist aber weitaus mehr, als nur individuelle Erbauung und Unterhaltung. Welche große gesellschaftliche Wirksamkeit ihr zugesprochen wird, läßt sich auch daran ablesen, daß es immer wieder aus den unterschiedlichsten Gründen für notwendig erachtet wird, die Veröffentlichung einzelner Werke oder auch ganzer Richtungen zu verbieten.

Die gesellschaftliche und kulturelle Eingebundenheit von Kunst zu ignorieren, würde dem Gesamtwert eines Werkes ebensowenig gerecht wie dessen Reduktion auf solche Faktoren.

«Der soziologische Gesichtspunkt [ist somit] in Bezug auf die Kunst nur dann abzulehnen, wenn er sich als die einzig legitime Betrachtungsweise ausgibt und die soziologische Bedeutung eines Werkes mit seinem künstlerischen Wert verwechselt.»[90]

Keine Rezension oder Interpretation kann das Lesen eines Buches ersetzen. Sie kann jedoch zum Verständnis beitragen und innerhalb einer bestehenden Auseinandersetzung Stellung beziehen. Ich werde im folgenden einige der vielfältigen Reaktionen, die die beiden Romane in der

Öffentlichkeit hervorgerufen haben, darstellen, und sie in ihrem zeitlichen und gesellschaftlichen Zusammenhang interpretieren.

## I

Die *Geschichte der O* erschien 1954 in Paris und wurde laut Susan Sontag «zum Teil dank der Unterstützung von Jean Paulhan, der das Vorwort schrieb – über Nacht berühmt».[91] Daß es sich bei dem unter Pseudonym erschienenen Roman um ein so «hochgradig ‹literarisches› Werk»[92] handelte, entfachte sofort heftige Spekulationen über die wirkliche Autorenschaft. Dabei tauchten die verschiedensten Namen aus dem Kreis der anerkannten Literaten Frankreichs auf.

Bei der *Geschichte der O* handelt es sich um eine erotische Phantasie, was jedoch, wie Susan Sontag in ihrem Essay ausführlich darzustellen versucht hat, keineswegs bedeutet, daß sie deshalb keinen literarischen Wert besitzen könne. Im Gegenteil: Ihrer Meinung nach stellt der hohe Grad der Bewußtheit, in dem sie geschrieben wurde, und die Art, in der der erotische Stoff Verwendung findet, ‹Pauline Réage› in eine Tradition französischer Autoren wie Lautréamont und Bataille, für die die Arbeiten de Sades zum «Ausgangspunkt für ein radikales Nachdenken über die Möglichkeiten der Situation des Menschen»[93] wurden. Beeinflußt durch die Ideen des Surrealismus, in dem die Erkenntnisse der Psychoanalyse aufgegriffen wurden und die unbewußten dunklen Seiten der menschlichen Seele in den Mittelpunkt des künstlerischen Interesses rückten, stellten sich diese Autoren mit Hilfe der obszönen und pornographischen Provokation einer Vorstellung von Erotik entgegen, die, auf eine sexualhygienische Norm beschränkt, jedes «Andere» und «Extreme» als unnatürlich ausgrenzt.

> «Dieses Verständnis der Sexualität als einer Macht jenseits von Gut und Böse, jenseits der Liebe und jenseits der geistigen Normalität, der Sexualität als Quelle der Qualen und Mittel zur Überwindung der Grenzen des Bewußtseins ist das Kennzeichen der französischen Bücher, von denen hier die Rede war.»[94]

In den Vorstellungen dieser Autoren gewinnt die Sexualität Aspekte ihrer alten dämonischen Macht zurück, tief im menschlichen Bewußtsein verborgen liegende, verbotene und gefährliche Wünsche nach körperlicher und seelischer Ekstase zu wecken. In diesen Büchern wird die Idee einer totalitären, ganzheitlichen ungebremsten Leidenschaftlichkeit entwickelt, bei der in der Intensität der Empfindungen der Verlust des eigenen Ich spürbar wird. Die hier zum Ausdruck gebrachte, paradox scheinende Vorstellung einer Erfüllung und Selbstfindung in der völligen Hingabe und Selbstaufgabe schließt die Möglichkeit des Todes als extreme Erfahrung mit ein – sozusagen als Steigerung des «petit mort», des «kleinen Todes», im Orgasmus. Der tragisch-romantische Ausdruck, der sich dadurch vermittelt, wird durch die häufige Verwendung religiöser Metaphern noch unterstützt.

Im Unterschied zu der Idee der Romantik entsteht diese Tragik aber nicht aus der unerfüllten Liebessehnsucht, sondern ganz im Gegenteil, aus deren absoluten Erfüllung. Während es in der romantischen Literatur um den Konflikt zwischen sozialen und sexuellen Selbstansprüchen geht und sich die Tragik aus der Unvereinbarkeit dieser An-

sprüche und dem zwangsläufigen Scheitern der Konflikt-
lösungsversuche ergibt, wird hier eine Lösung in der kon-
sequenten Infragestellung und Ablehnung der die körperlichen Erfahrungen beschränkenden sozialen Gebote
gesucht.

Der besondere Reiz, der darin liegt, Verbote zu überschreiten und Tabus zu verletzen, steht im Vordergrund
und führt sie als Quellen eines ganz besonderen, eigenen
Sinnengenusses gleichsam ad absurdum. Denn nicht von
den Dingen selbst, die «im allgemeinen als niedrig und abstoßend empfunden werden»[95], geht für diese Autoren der
Reiz aus, wie Susan Sontag meint, sondern der spezifische
Reiz besteht gerade darin, gegen bestehende Verhaltens-
normen zu verstoßen und damit Bereiche, die «normaler-
weise» aus der sinnlichen Erfahrung ausgeschlossen werden, zurückzugewinnen. In diesem Charakter des Aso-
zialen liegt ihre große Provokation.


II


1967 erschien die *Geschichte der O* erstmals in deutscher
Übersetzung im Melzer Verlag, Darmstadt, und wurde
noch im gleichen Jahr am 3. 11. 1967 nach einer Entscheidung der *Bundesprüfstelle für jugendgefährdende Schriften*
(BPS) indiziert. Bis zu diesem Zeitpunkt waren vom Melzer
Verlag laut *Spiegel* bereits 70 000 Exemplare des Buches
verkauft worden und auch danach sollen trotz der er-
schwerten Verkaufsbedingungen bis zum Zeitpunkt des
*Spiegel*-Artikels im Mai 1968 weitere 30 000 Exemplare ab-
gesetzt worden sein.[96] In der Entscheidungsbegründung
heißt es:

«Die Schrift ist nicht etwa nur in Bezug auf einzelne Passagen, sondern in der Gesamtanlage durch und durch unsittlich i. S. des § 1 Abs. 1 Satz 2 GjS. [...]

Der Roman breitet ein Konzentrat von monströsen sexuellen Perversionen mit genüßlich ausgekosteter Grausamkeit so aus, daß er das Inhumane systematisch intendiert. [...]

Da die Bundesprüfstelle [...] den Ausnahmetatbestand des § 1 Abs. 2 Nr. 2 GjS zu prüfen und zu erörtern hat, muß in dem vorliegenden Falle vorausgeschickt werden, was jeder, der einen Begriff von Pornographie hat, schon weiß, nämlich, daß Pornographie nicht Kunst sein kann, wenn sie Pornographie bleiben will, und daß ein Roman von künstlerischem Rang kein pornographischer Roman sein kann.»[97]

Im gleichen Jahr, am 2. Juni 1967, wurde der Student Benno Ohnesorg während einer Demonstration anläßlich des offiziellen Staatsbesuches des Schahs von Persien, Resa Pahlevi, in Berlin von der Polizei erschossen. Ich erwähne dies nicht, um etwa einen kausalen Zusammenhang zwischen der Veröffentlichung der *Geschichte der O* und diesem Ereignis herzustellen, sondern um auf den konfliktreichen gesellschaftspolitischen Hintergrund dieser Zeit zu verweisen, in der die staatliche Ordnungsmacht einen pornographischen Roman unsittlicher und inhumaner zu empfinden scheint als den massiven Einsatz von Gewalt.

Die Unruhen der sechziger Jahre, die später auch als «sexuelle Revolution» in die Geschichte eingehen sollten, waren zunächst aus der Auseinandersetzung von Jugendlichen und Intellektuellen mit den bestehenden konservativen gesellschaftlichen Verhältnissen entstanden, die durch politische und sexuelle Unaufgeklärtheit und Tabuisierungen, besonders auch in Hinblick auf die nationalsozialistische Vergangenheit, gekennzeichnet waren.

Aus der Erkenntnis, daß diese Verhältnisse ihre Wurzeln nicht nur in den politischen und ökonomischen Bedingungen hatten, sondern auch in den kleinbürgerlichen, autoritären Persönlichkeitsstrukturen, die nach den Ergebnissen von Reich, Horkheimer, Adorno u. a. als Reaktion auf eine sexualfeindliche, auf Triebunterdrückung ausgerichtete, autoritäre Erziehung zu verstehen waren, entstanden die sexuellen Emanzipationsbestrebungen als *politisches* Programm. Dazu gehörte natürlich auch eine Auseinandersetzung mit dem damaligen Verständnis sexueller Darstellungen als unsittlich, unmoralisch und jugendgefährdend, während neofaschistische Propaganda gleichzeitig geduldet wurde.[98]

Die Befreiung des Körpers von alten Moralvorstellungen und überkommenen Tabus ließ sich aber nicht allein per Deklaration sexualpolitischer Programme erledigen. Die tradierten Geschlechtsrollenstereotype wirkten in den Köpfen weiter fort.

Die sozialen und politischen Umwälzungen der sechziger Jahre hatten beide Geschlechter, Frauen und Männer, in eine besondere, widersprüchliche Situation gebracht. Die allgemeine Liberalisierung eröffnete Möglichkeiten der Erfahrung in einer Freizügigkeit, auf die der oder die einzelne in keiner Weise vorbereitet war. Waren schon die Kenntnisse über den eigenen Körper sehr gering, beschränkten sich die Kenntnisse über den Körper des anderen Geschlechts bis zu dieser Zeit bei Jugendlichen meist auf solche aus Romanen oder Sexualratgebern.

Zur Erfüllung der mit der neuen Freizügigkeit gleichzeitig verbundenen Forderungen nach sexueller Aktivität konnte nur wenig auf eigene körperlich-sinnliche Erfahrungen zurückgegriffen werden, und ein selbstbewußter Umgang mit der eigenen Sexualität war schwer vorstellbar. Thomas Ziehe beschreibt diese Situation in einem persönlichen Rückblick:

«Wir konnten Kafka lesen und sogar Genet und Henry Miller. Wir gingen durch die Tabellen des Kinsey-Reports. Wir polemisierten ironisch gegen die Auffassung, man solle vor der Ehe keusch bleiben. Um uns herum war die sogenannte Sexwelle bereits auf Hochtouren und überschwemmte die Illustrierten in bislang nicht gekannter Offenheit mit Bildern und Sexualratschlägen. [...]
Aber ich habe nur ein einziges Mal in der Abiturientenklasse, natürlich außerhalb des Unterrichts, den Satz ausgesprochen, Masturbation sei universell verbreitet, und schon trat lähmende Sprachlosigkeit in der Gruppe ein. Selbst der beste Freund wäre nicht so weit gegangen, davon persönlich zu sprechen. Und das war erst die Ebene des Sprechens.»[99]

Trotz der provozierenden politischen Aktionen dieser Zeit herrschte allgemeine Hilflosigkeit bei der Lösung der eigenen brennenderen Sexualprobleme, und es bestand über die theoretische Auseinandersetzung hinaus ein großer Bedarf an praktischer Hilfestellung und Beratung. Bereits Ende der sechziger Jahre konnte sich so allmählich ein Entpolitisierungsprozeß durchsetzen, in dessen Verlauf eher konservative Sexualaufklärer wie z. B. Oswald Kolle an Popularität gewannen, die die Diskussion um die sexuelle Befreiung immer weiter – aus ihrem politischen Zusammenhang herausgelöst – auf das Ziel individueller Befriedigung reduzierten und in das alte Geschlechterverhältnis restaurativ einbanden.

«Ehebrüche werden bei Kolle als eine Art Ölwechsel dargestellt, ausgeführt von versierten Technikern oder aufmerksamen Meisterinnen. Laufruhig kehrt der Ehebrecher wieder heim [...]»[100]

III

1975 findet diese entpolitisierte Aufklärungsbewegung ihren Ausdruck u.a. in einer Liberalisierung des Sexualstrafrechtsparagraphen § 184. Dieser Paragraph enthielt bisher ein generelles Verbot unzüchtiger Darstellungen, Gegenstände und Ankündigungen, wobei ein Werk dann als unzüchtig galt, wenn es dem

«normalen, gesunden Durchschnittsempfinden der Gesamtheit in geschlechtlicher Beziehung widerspricht [...], wenn ihm, dem Benutzer erkennbar, ein Sinn zugrunde liegt, der auf eine Gefährdung der allgemein anerkannten Normen von Zucht und Sitte hinausläuft».[101]

In der Neufassung von 1975 wird zum einen die Bezeichnung «unzüchtig» durch den Begriff Pornographie ersetzt, worunter alle Erzeugnisse verstanden werden, die

«ausschließlich oder überwiegend auf die Erregung eines sexuellen Reizes abzielen und dabei die in Einklang mit allgemeinen gesellschaftlichen Wertvorstellungen gezogenen Grenzen des sexuellen Anstandes eindeutig überschreiten».[102]

Eine negativ besetzte, moralische Bezeichnung wird so durch einen eher wissenschaftlichen Begriff ersetzt, ohne daß sich die Definition des Tatbestandes inhaltlich wesentlich ändert.

Zum anderen wird eine Unterscheidung von sogenannter «einfacher» Pornographie und sogenannter «harter» Pornographie vorgenommen. Während die einfache Pornographie laut § 184 Art. 1 StGB für Erwachsene freigegeben wird, sofern nicht Belange des Jugendschutzes oder das Sittlichkeitsempfinden der Allgemeinheit betroffen sind, bleiben durch Art. 3 Darstellungen einer von der gesellschaftlichen Norm abweichenden Sexualität (Herstellung und Verbreitung sadistischer, pädophiler und sodomitischer = harte Pornographie) in vollem Umfang strafbar.

Infolge dieser Gesetzesänderung kommt 1975 eine ganze Flut von in die Kategorie «Soft-Porno» eingeordneter Filme wie *Emmanuelle* oder auch *Schulmädchenreport* in die bundesdeutschen Kinos[103] – Filme, die in ihrer Freizügigkeit etwa im Rahmen dessen liegen, was heute im Spätprogramm auf privaten Sendern zu sehen ist. Ebenso wird in diesem Jahr auch die französische Verfilmung der *Geschichte der O* unter gleichem Titel in der Bundesrepublik uraufgeführt.

Zwei Jahre später, im November 1977, wird das Buch wiederaufgelegt, diesmal im Rowohlt-Taschenbuchverlag, und erreicht bereits in der zweiten Auflage im Januar 1978 eine Gesamtauflagenhöhe von 110 000 Exemplaren. Die Verfilmung der *Geschichte der O* hält sich relativ getreu an die Wiedergabe der literarischen Vorlage, ohne ihr allerdings gerecht zu werden und ohne dem Buch eine eigene Qualität hinzuzufügen. Sie ist also keinesfalls vergleichbar etwa mit Pasolinis de Sade-Verfilmung *Salò oder die 120 Tage von Sodom*, die ebenfalls 1975 entstand.

Das große Interesse, mit dem der Film in der Öffentlichkeit aufgenommen wurde, scheint somit weniger auf seine besondere künstlerische Qualität zurückzuführen zu sein, als vielmehr eine vorhandene Nachfrage nach erotischer Unterhaltung auszudrücken, bei der der Genuß weder durch hohe intellektuelle Ansprüche noch durch allzu dümmliche Stories und Dialoge beeinträchtigt wird. Es ist ein einfacher, relativ gut gemachter, unterhaltsamer Film, der in seinen Darstellungen über dezente Andeutungen nie hinausgeht.

Die massiven Proteste, die der Film besonders auch bei einem Teil der Frauenbewegung hervorgerufen hat, scheinen zunächst unverständlich.

«Mit einem Riesenpenis aus Pappmaché, an dem – symbolisch – eine Frau gekettet war, protestierten am letzten Freitag auf dem Bonner Marktplatz Feministinnen gegen den Film *Geschichte der O*. Bei der Berliner Premiere waren in zwei Kinos Sessel aufgeschlitzt, Stinkbomben und Farbbeutel auf die Leinwand geworfen worden. In Aachen hatten Mitglieder einer Frauengruppe auf die Sitze gepinkelt. Der Film, so die Berlinerinnen bei einer Pressekonferenz am letzten Mittwoch, verherrliche und verharmlose zugleich Gewalt gegen Frauen. Mit einer Strafanzeigen-Aktion (1 300 Vordrucke wurden verteilt) soll ein Verbot des Films bewirkt werden.»[104]

Abgesehen von der ungewöhnlichen, «unweiblichen» Form dieser Proteste, die sicher unabhängig von Inhalt und Ziel eine ganz eigene Erfahrung für diese Frauen gewesen sein mag, ist der Protest nicht allein aus der Empörung gegen genau diesen Film zu verstehen, sondern er bezeichnet eine bestimmte Position innerhalb der Frauenbewegung, für die die *Geschichte der O* ein besonderes Beispiel sexueller Darstellungen ist, in denen sich die Unterdrückung der Frau durch den Mann symbolisiere.

Die Entwicklungen der letzten Jahre hatten zur Entstehung eines Verständnisses von Sexualität geführt, in dem die Körper jenseits moralischer und ethischer Beschränkungen, aber auch jenseits aller Sinnlichkeit zu mechanistischen Funktionseinheiten gerieten, deren Zweck die genitale Vereinigung und deren Ziel der beiderseitige, möglichst gleichzeitige Orgasmus wurden. Innerhalb der sexualwissenschaftlichen Literatur klingt das beispielsweise so:

«Schematisierend lassen sich fünf Phasen der sexuellen Interaktion zweier Partner unterscheiden: Annäherung, Stimulation, Einführung des Penis und Koitus, Orgasmus, nachorgastische Phase.»[105]

Es handelt sich um ein Körperbild, das die bisherige Fixierung auf die genitale männliche Sexualität nicht aufgebrochen, sondern im Gegenteil noch wissenschaftlich unterstützt und zum Leistungsprinzip erhoben hat. Der Legitimationszwang, der nun entstanden war, wenn man «nicht wollte», betraf dabei besonders die bürgerlichen Frauen und stellte sie vor ein Dilemma: Ihre gesamte Erziehung war bisher darauf ausgerichtet gewesen, daß der weibliche Körper, die weibliche Sexualität, einen exklusiven Wert darstellt, den es für den «Einen» aufzusparen gilt, der nicht nur die emotionale Erfüllung des Lebens, sondern auch dessen finanzielle Absicherung zu garantieren hatte. Jetzt sahen sich die Frauen der Forderung ausgesetzt, für die Anerkennung ihrer Weiblichkeit diese Exklusivität aufzugeben, ohne daß die alte moralische Trennung der Frauen in Heilige oder Huren aus den Köpfen beider Geschlechter tatsächlich verschwunden gewesen wäre und ohne daß sich an den alten, auf der geschlechtlichen Arbeitsteilung beruhenden strukturellen Bedingungen der wirtschaftlichen und politischen Vormachtstellung der Männer etwas geändert hätte.

Auf diesem Hintergrund entstand innerhalb der Neuen Frauenbewegung bereits Anfang der siebziger Jahre eine breite Strömung der allgemeinen Rückbesinnung auf sogenannte weibliche Werte. Dabei rückte die von radikalen linken Feministinnen vertretene Auffassung, daß die vorhandene Trennung in «Männlichkeit» und «Weiblichkeit» ein gesellschaftliches Konstrukt darstellt, von dem Männer und Frauen, wenn auch in ganz unterschiedlicher Ausprägung, gleichermaßen betroffen sind, immer weiter in den Hintergrund.[106] Statt der Gemeinsamkeit wurde immer stärker die bestehende Differenz betont, und es wurde versucht, in der Abgrenzung zur «Männlichkeit» eine eigene Position zu finden.

«Emanzipiert?
Ich war geprellt worden – emanzipiert sein hieß bis dahin nur, spiegelbild der männlichen verkümmerung zu werden, meine gefühle und schmerzen und gedanken verächtlich als banal und sentimental zu verleugnen.
Nur weg von hier:
Erst zu mir gehen.»[107]

Diese Worte von Verena Stefan umschreiben das Programm dieser neuen Bewegung, die ab Mitte der siebziger Jahre ihren vielfältigen Ausdruck in den verschiedensten Frauenprojekten fand – Frauenbuchläden, Frauenbuchverlage, Frauenzeitschriften, Frauencafés, Frauenzentren, Frauenhäuser, Selbsterfahrungs- und Selbstuntersuchungsgruppen. Allen diesen Unternehmungen war die Idee gemeinsam, im Austausch diskriminierender Erfahrungen und erduldeten Leides gemeinsam mit anderen Frauen zu einem neuen weiblichen Selbstbewußtsein zu gelangen, das sich von den alten weiblichen Rollenmustern löst, ohne dabei einfach die männliche Rolle zu kopieren.

Für einen Teil der Frauenbewegung entwickelte sich aus dieser Orientierung eine emotionale Hinwendung zu einem «weiblichen Prinzip» in Ablehnung eines «männlichen Prinzips», in dem die einzelne Person immer stärker aufgrund ihrer Biologie bestimmt wurde. Die Vorstellung, daß das Verhältnis der Geschlechter durch eine grundsätzliche Differenz in den Menschen selbst vorgegeben ist, führte zu dem Schluß, daß «männliches» Verhalten, Denken oder Wünschen nicht «weiblich» sein könne und umgekehrt, sondern als patriarchalische Konditionierung zu erklären sei. Alice Echols bezeichnet diese Strömung innerhalb der Neuen Frauenbewegung als «Kulturfeminismus»:

> «Für den Kulturfeminismus gibt es eine patriarchalisch *konditionierte Weiblichkeit,* die sich durch Passivität und Unterwürfigkeit kennzeichnet, und eine *weibliche Natur,* die fürsorglich, liebevoll, offen und egalitär ist. In seiner Logik ist weibliche Passivität nur konditioniertes Verhalten, während männliche Gewalttätigkeit Ausdruck der männlichen Natur ist.»[108]

Die *Geschichte der O* scheint dagegen gerade ein solches Bild von Weiblichkeit zu propagieren, das diese Frauen in ihren eigenen Köpfen und den Köpfen der Männer zu bekämpfen suchen:

O steigert nicht nur die Entweihung der weiblichen Sexualität von der allgemeinen Freizügigkeit zu einer absoluten Verfügbarkeit, sondern sie behauptet auch noch, daß gerade in dieser Verfügbarkeit das eigentliche sakrale Moment zu finden sei. Nicht nur, daß sie das Leiden und ihre Unterwerfung sinnlich genießt, nein, sie sieht darin sogar die Erfüllung ihres Seins und das eigentliche Wesen der Liebe. Selbst in den Tod geht sie nicht in besserer Ein-

sicht gebrochen, sondern in einer triumphierenden Freiwilligkeit.

Gleichzeitig sind in dem Bild der O aber auch viele als
positiv empfundene, weibliche Eigenschaften enthalten,
wie ihre Fähigkeit zur Hingabe, ihre Duldsamkeit, ihre Suche und ihr Festhalten an der Idee der Erfüllung in der
Liebe.

Die weibliche Autorenschaft zu verleugnen oder den
Roman zumindest als das Werk einer Frau und eines Mannes zu interpretieren[109], ist eine Möglichkeit, diesem in der
*Geschichte der O* enthaltenen Konflikt zu entgehen. Eine andere Möglichkeit ist der Versuch, die Intention der Autorin
mit bestehenden Geschlechtsrollenvorstellungen in Einklang zu bringen.

> «Die Geschichte der O ist [...] ein Geschenk. [...] Die totale Selbst-
> preisgabe ist nicht in der eigenen Lust begründet. Sie hat keinen
> Grund in O selbst – [...]. Der wirksame Grund liegt in der unwider-
> stehlichen Macht des Mannes, in seinem phallischen Allmachts-
> bedürfnis. Die Geschichte der O ist eine Versicherung gegen die
> männliche Kastrationsangst, die der freiwilligen Unterwerfung unter
> die Macht des Mannes bis in die Tiefe der unbewußten Wünsche hin-
> ein bedarf, um gestillt zu werden.»[110]

Um welche Probleme es in diesen Auseinandersetzungen
um weibliche Sexualität und männliche Macht aber eigentlich geht – gerade auch heute – und woher so oft die hohe
emotionale Betroffenheit in diesen Auseinandersetzungen
rührt, hat Maria Marcus sehr treffend formuliert.

> «Wie kann man behaupten, man wünsche sich Freiheit und Gleichbe-
> rechtigung, wenn man im Grunde eine Sklavenseele ist?
> Bei dem Gedanken daran, was passieren würde, wenn wir uns selbst

und anderen eingestehen würden, daß sehr viele von uns Masochistinnen sind, haben wir alle einen Schreck bekommen. Wir konnten es uns ganz offensichtlich nicht leisten, uns mit dieser Frage während einer Zeit der Mobilisierung auseinanderzusetzen.»[111]

An diesem Zitat lassen sich recht deutlich die Vorurteile, Mißverständnisse und Mechanismen der Rationalisierung eigener Ängste ablesen, die bei den Diskussionen um Sadomasochismus innerhalb der Frauenbewegung und nicht nur dort immer wieder auftauchen und sich daraus ergeben, daß die sadomasochistischen Phantasien und Praktiken nicht als Inszenierungen, sondern als direkte Abbildungen gesellschaftlicher Machtverhältnisse begriffen werden. Denn diesen Inszenierungscharakter anzuerkennen hieße, den Opferstatus von Frauen in Frage zu stellen und sich auch mit den aggressiven Aspekten weiblicher Sexualität und den damit verbundenen, auch eigenen, Ängsten und Schuldgefühlen auseinandersetzen zu müssen.

Auch Jessica Benjamin beispielsweise geht in ihren Überlegungen zur *Geschichte der O* von einer einfachen Gleichsetzung der dort beschriebenen Phantasien mit gesellschaftlichen, diskriminierenden Lebensbedingungen von Frauen aus. In ihren Ausführungen, in denen sie insbesondere die ambivalente Konfliktlage eines Kindes im Ablösungsprozeß von der mütterlichen Pflegeperson thematisiert, taucht kein einziges Mal der Begriff der Aggression auf. Dagegen verwendet sie häufig den undifferenziert bleibenden Begriff der Gewalt, den sie zwar zunächst auf eine kontrollierte, ritualisierte Form beschränkt wissen will,

«die sich in sexuellen Phantasien und in bestimmten, sorgsam institutionalisierten, auf Freiwilligkeit gegründeten sexuellen Praktiken niederschlägt»[112].

Ihr Begriff von Gewalt dient jedoch in den weiteren Ausführungen zur Bezeichnung eines unsere gesamte Gesellschaft prägenden Geschlechterverhältnisses ganz allgemein, wobei diese Gewalt stets als von einer männlichen Person ausgehend gedacht wird.

«Männliche Rationalität und Gewalt verbinden sich in Institutionen, die so unpersönlich wirken, daß sie geschlechtslos erscheinen. Dennoch manifestiert sich in ihnen die gleiche Tendenz, alles Lebendige zu kontrollieren und in die Objektposition zu drängen, wie wir sie in der erotischen Unterwerfungsbeziehung finden.»[113]

Die *Geschichte der O* wurde unter Anwendung des § 184 Abs. 3 (Gewaltpornographie) 1982 erneut indiziert. Nach der Auffassung der *Bundesprüfstelle* ist der Roman «so frauenfeindlich, wie es frauenfeindlicher nicht mehr geht und spricht der Frau jede Würde und Personalität ab.»[114] Dabei sei die Tatsache, «daß das ‹Opfer› (die Masochistin) mit den Mißhandlungen einverstanden ist, [...] bedeutungslos.»[115]

Der Roman ist inzwischen vergriffen. Laut Verlag wurden von der Rowohlt Taschenbuchausgabe bisher etwa 300 000 Exemplare verkauft.

IV

*Neun Wochen und drei Tage* von ‹Elizabeth McNeill› erschien in der Originalausgabe 1978 in New York. 1979 wurden die Rechte für die Bundesrepublik vom Rowohlt Verlag erworben, der das Buch 1983 in einer Taschenbuchausgabe veröffentlichte.

Einem größeren Kreis bekannt wurde das Buch jedoch erst durch die US-amerikanische Verfilmung 1985 unter dem Titel *9 1/2 Wochen*. Obwohl auch diese Verfilmung der literarischen Vorlage in keiner Weise gerecht wird und die ästhetische Auffassung, die den Film als ein typisches Produkt der achtziger Jahre kennzeichnet, am ehesten an einen überdimensionalen Werbespot oder Videoclip erinnert, zeigte sich auch hier ein großes Interesse beim Publikum.

Der Roman *Neun Wochen und drei Tage* fügt sich durch die von der Autorin gewählte literarische Form, in der sie allein aus der Position der Ich-Erzählerin von den Erinnerungen an eine Liebeserfahrung berichtet, ganz dem Trend zur neuen, auf Selbsterfahrung begründeten Frauenliteratur ein. In dieser Perspektive und den sich daraus ergebenden Konsequenzen in der ästhetischen Wirkung auf die Leser und Leserinnen unterscheidet er sich grundsätzlich von der *Geschichte der O*.

Während die *Geschichte der O* teilweise sehr heftige und emotionale Reaktionen und Auseinandersetzungen hervorrief, ist es um diesen Roman relativ still. Obwohl gerade in den letzten Jahren die Themen «Sexualität und Macht» und «Gewalt gegen Frauen» durch die von Alice Schwarzer in der Zeitschrift *Emma* initiierte Kampagne «Por-No» wieder heftiger diskutiert werden, gab es gegen dieses Buch oder seine Verfilmung bisher keinerlei öffentliche Proteste.

Dagegen wurde z. B. der Film im Rahmen der von SPD-Frauen und Jungsozialistinnen der Stadt Hannover veranstalteten Frauenfilmtage im September 1989 unter dem Motto «Frauen leben Widersprüche» in einer geschlossenen Veranstaltung gezeigt. Anschließend wurde mit der Leiterin der Gleichstellungsstelle, Dr. Ursula Müller, und der Leite-

rin der Landesstelle Jugendschutz, Andrea Urban, darüber
diskutiert,

> «warum in den meisten Beziehungen Sexualität und Macht untrenn-
> bar miteinander verbunden sind, und warum die Bedürfnisse des
> einen Partners (meistens der Frauen) eingeschränkt werden»[116]

– so die offizielle Ankündigung. Aus diesen unterschiedlichen Reaktionen und Umgehensweisen mit den beiden
Romanen lassen sich wichtige Rückschlüsse ziehen.

Franz Wellendorf bezeichnet die Reaktion, die ein litera-
rischer Text hervorruft, als Übertragung. In einer Arbeit
über die Schriftstellerin Friederike Mayröcker schreibt er:

> «Lebhafte Phantasien und Gefühle haben meine Lektüre begleitet. Sie
> sind Anstoß für meine Interpretation auch noch da, wo von ihnen
> nicht die Rede ist. Als Psychoanalytiker gehe ich davon aus, daß die
> Übertragungsreaktion, die ein literarischer Text im Leser auslöst – und
> jeder Interpret ist zunächst einmal Leser – ein wichtiges Instrument
> des Verständnisses sind.»[117]

‹Pauline Réage› läßt zu Beginn ihres Romans ihre eigene
Position als Erzählerin offen. Sie lädt damit die Leserin ein,
an ihrer masochistischen Phantasie aus einer gleichsam
voyeuristischen Perspektive teilzunehmen. Die Lust, auf
die die Autorin zielt, liegt eher in der Faszination als in der
Identifikation, auch wenn diese damit nicht ausgeschlossen
wird.

Ohne Einleitung und erklärende Worte führt die Erzählung mitten hinein in eine Inszenierung, deren wesentlicher
Bestandteil der sinnlichen Wunschvorstellung gerade in der
Phantasie des Ausgeliefertseins begründet liegt. Im Mittelpunkt dieser Wunschvorstellung steht O zunächst voll-

kommen losgelöst von jeder persönlichen Geschichte. Erst im späteren Verlauf der Erzählung und eher beiläufig wird sie in einen historischen und sozialen Kontext eingebunden. Jeder räumliche und zeitliche Zusammenhang scheint selten mehr als eine Kulisse darzustellen, vor der O in ihrer Passivität doch äußerst aktiv und eigenwillig konsequent ihren eigenen Weg verfolgt. Und dieser Weg führt sie, je näher sie ihrem Ziel kommt, immer weiter aus jeder gesellschaftlichen Normalität hinaus, zu der sie sich demonstrativ in Widerspruch stellt.

Entsprechend wird dieser Roman von der Leserin als ein aggressiver Text empfunden, der Angst, Wut und Verunsicherung hervorruft, gerade auch wegen seiner erotischen Wirkung.

In *Neun Wochen und drei Tage* hingegen werden wir ganz vorsichtig in die romantisch eingebettete Liebesaffäre eingeführt. Durch die Ich-Perspektive wird der Leserin die Identifikation mit der namenlosen Protagonistin nahegelegt. Sie ist Ich und ihre Ängste, ihre Sehnsüchte und ihre Unsicherheiten sind auch meine/unsere Ängste, Sehnsüchte und Unsicherheiten. Indem wir uns auf dieser Ebene der persönlichen Voraussetzungen in der Protagonistin wiederfinden, identifizieren wir uns mit ihrem Leiden und weniger mit ihrer Lust. Dadurch, daß die zärtliche Qualität der Beziehung als das eigentlich Wesentliche in den Vordergrund rückt, wird die in ihr zum Ausdruck kommende Sexualität zu einem Nebenprodukt, das sich sozusagen therapeutisch legitimiert. Es stellt kein eigenständiges, aktiv angestrebtes Ziel dar, sondern ist das Ergebnis einer ständig wiederholten Verführung.

Wie ich zu zeigen versucht habe, wird sich die Protagonistin in ‹Elizabeth McNeills› Roman nirgends ihrer eigenen aktiven Einflußnahme auf das Geschehen bewußt, findet nirgends eine psychische Verarbeitung der Erfahrungen statt. Sie handelt nie in Eigeninitiative, und sie fühlt sich nie wirklich verantwortlich; und an dieser Unverantwortlichkeit nehmen auch wir als Leserinnen teil. Wir können uns auf diese Weise emotional ansprechen lassen, ohne dies als Angriff zu erleben wie in der *Geschichte der O*. Auch der dort formulierte Widerspruch, in den sich O durch ihre Leidenschaft zu der sie umgebenden gesellschaftlichen «Normalität» bringt, taucht in *Neun Wochen und drei Tage* nicht als Konflikt auf. Die Ereignisse verbleiben immer innerhalb der vorgegebenen gesellschaftlichen Konventionen und stellen sie nie in Frage. Der Konflikt bleibt ein ganz persönlicher, individueller Konflikt in der Person. Die Leidenschaftlichkeit der Protagonistin befindet sich im Widerspruch zu ihrem eigenen Innern. Und am Ende zeigt sie uns, daß ihr Ausflug ins «Reich der Sinne» nur eine Sackgasse war, von dem zurückgekehrt sie wieder ihren alten Platz zwischen uns einnimmt.

Die Voraussetzung dafür, daß ein Roman, der eine sadomasochistische Beziehung thematisiert, als erotische Phantasie angenommen wird, scheint zum einen ganz wesentlich davon abhängig zu sein, wie weit es der Darstellung gelingt, diese Beziehung als eine von allen daran Beteiligten freiwillig eingegangene deutlich zu machen, und dabei gleichzeitig die Illusion der Unfreiwilligkeit und der Unverantwortlichkeit aufrechtzuerhalten. Zum anderen darf die Leidenschaftlichkeit, die aus dieser Beziehung entsteht, die Personen nicht vollkommen vereinnahmen oder auflösen. Sie darf sie nicht ihrer sonstigen sozialen Beziehungen entfremden, so daß sie ihre gesellschaftliche Lebensfähigkeit einbüßen und ihre persönliche Autonomie verlieren.

Ein solcher Roman soll somit genau die Funktionen erfüllen, die auch wesentlicher Bestandteil der sadomasochistischen Inszenierungen sind. Wie dort wird auch hier eine empathische Komplizenschaft vorausgesetzt, in der die Autorin sozusagen die aktive Rolle der «O», der Oberen, der Domina, einnimmt, die der Phantasie ihrer Leserin in der passiven Position der «U», der Unteren, eine Inszenierung anbietet, auf die sich diese Leserin unter bestimmten, durch ihre eigene Person aktiv festgelegten Bedingungen einläßt oder eben nicht. Dabei ist es die Aufgabe der Autorin, immer ein Stück über die Grenzen des Bewußtseins hinauszugehen, die geheimen, unterdrückten Triebwünsche anzusprechen und die Bereitschaft der Leserin, ihr zu folgen, aufs Spiel zu setzen. Für Susan Sontag besteht darin das Grundelement erotischer Literatur.

«Sein [des Künstlers] wichtigstes Mittel der Faszination besteht darin, einen Schritt weiterzugehen in der Dialektik des Exzesses, sein Werk abstoßend, dunkel, unzugänglich zu machen, kurz: das zu geben, was nicht gewünscht wird oder zu werden scheint.»[118]

«Die körperlichen Empfindungen, die ungewollt im Leser erweckt werden, enthalten etwas, das die ganze Erfahrung seiner Menschlichkeit – und seiner Grenzen als Persönlichkeit und als Körper – betrifft. [...] Die Pornographie ist – genau wie die Science-fiction – ein Zweig der Literatur, der auf Desorientierung, auf psychische Verwirrung, ausgerichtet ist.»[119]

Die Ablehnung einer erotischen Phantasie kann somit gegebenenfalls auf eine persönliche Grenzverletzung zurückzuführen sein, die den literarischen Wert dieser Phantasie nicht zwangsläufig in Frage stellt.

Ich möchte damit auf keinen Fall behaupten, daß jede Literaturkritik als persönliche Rationalisierung abzulehnen sei, oder jeder geschriebene Text allein schon dadurch, daß er Protest hervorruft, einen künstlerischen Wert erhielte. Ich meine jedoch, daß dieser Mechanismus der Übertragung in der Beurteilung erotischer Literatur, insbesondere wenn sie sadomasochistische oder andere von der Norm abweichende Vorstellungen thematisiert, unbedingt berücksichtigt werden muß.

Auch der Roman *Neun Wochen und drei Tage* wurde nach einer Entscheidung der BPS am 11. 6. 1985 indiziert. Nach einer Anfechtungsklage des Verlages wurde diese Entscheidung am 5. 12. 1985 erneut bestätigt, denn es könne

«nicht erwartet werden, daß jugendliche Leser, insbesondere solche, die für diese Materie anfällig sind, die Gefährlichkeit dieser sadomasochistischen Darstellungen durchschauen».[120]

Und es sind nicht allein die jugendlichen Leser, die vor dieser gefährlichen Lektüre nach Meinung der BPS geschützt werden müssen, denn vom Gesetzgeber werde

«das Herstellungsverbot für sadomasochistische Medien ausdrücklich aufrechterhalten (§ 184 Abs. 3 StGB), weil er nach Auswertung der kontroversen Aussagen von über 30 Sachverständigen in einem Bundestagshearing davon überzeugt ist, daß sadomasochistische Darstellungen auch Erwachsene und nicht nur Jugendliche schädigen können, also sozialschädlich sind».[121]

# Erkenntnis und Erfahrung

Nachdem ich mich mit masochistischen Phantasien und Erfahrungen von Frauen zunächst anhand der *Geschichte der O* und *Neun Wochen und drei Tage* beschäftigt habe, möchte ich noch auf einzelne, von Frauen persönlich berichtete Phantasien zu sprechen kommen, weil an ihnen noch einmal deutlich wird, welche Konflikte in den beiden Romanen thematisiert werden und auf welchem Weg die Literatur zu einer Bewältigung dieser Konflikte beitragen kann.

Auch die persönliche Phantasie stellt eine Form der Gestaltung vorhandener Wünsche und Ängste dar und entwickelt den Romanen ähnliche Szenarien. Sie verbleibt aber auf einer sehr individuellen, oft unbewußten Ebene und wird aufgrund der Ängste, die sie aktualisiert, selbst wieder als bedrohlich erlebt und verdrängt oder verleugnet – und zwar um so stärker, je konflikthafter die in ihr verstellt zum Ausdruck kommenden Wünsche erlebt werden.

Indem ein Roman diese Wünsche aufgreift und sie der Person spiegelbildlich gegenüberstellt, ermöglicht er eine Auseinandersetzung, die so zunächst über ein außenstehendes Objekt erfolgt, das sich in einer gewissen Distanz befindet und damit relativ kontrollierbar bleibt. Es ist erst einmal die Phantasie einer anderen Person, über die nachgedacht und gegebenenfalls mit anderen Menschen gesprochen werden kann. Die Frage, die mit dieser Funktion der Literatur jedoch gleichzeitig aufgeworfen wird, ist die der Konsequenzen, die aus einer solchen Auseinandersetzung entstehen, also die Frage einer möglichen Umsetzung der gewonnenen Erkenntnisse in Erfahrung.

Ganz allgemein eröffnet jede Phantasie die Möglichkeit der Flucht aus der Realität, entweder als Illusion oder auch als Utopie. Sie kann dazu dienen, einer real unbefriedigenden Situation zu entfliehen und diese dadurch gleichzeitig aufrechtzuerhalten.

> «Knapp und treffend faßte dies eine Teilnehmerin der Sommeruni zusammen: ‹Der Mann nimmt die Frau. Die Frau nimmt ihre Phantasien. Die Lust funktioniert, die Beziehung läuft.›»[122]

Eine Phantasie kann aber ebenso dazu dienen, sich über die realen Begrenzungen der eigenen Möglichkeiten hinwegzusetzen und den bestehenden Erfahrungshorizont in die Utopie auszudehnen, um so zu einem neuen Verständnis der eigenen Person oder einer Situation zu gelangen.

Für Freud besteht das Wesen der Phantasie darin, die Unabhängigkeit der Lustgewinnung von der Zustimmung der Realität wiederherzustellen. Er schreibt:

> «Wie Sie wissen, wird das Ich des Menschen durch die Einwirkung der äußeren Not langsam zur Schätzung der Realität und zur Befolgung des Realitätsprinzips erzogen und muß dabei auf verschiedene Objekte und Ziele seines Luststrebens – nicht allein des sexuellen – vorübergehend oder dauernd verzichten. Aber Lustverzicht ist dem Menschen immer schwer gefallen; [...] Er hat sich daher eine seelische

Tätigkeit vorbehalten, in welcher all diesen aufgegebenen Lustquellen und verlassenen Wegen der Lustgewinnung eine weitere Existenz zugestanden ist, [...].»[123]

Als bewußte oder auch unbewußte Tagträume kommen so in der Phantasie, ähnlich wie im Traum, alle narzißtischen, egoistischen und libidinösen Wünsche zum Vorschein, auf deren Befriedigung im Laufe des Erziehungsprozesses verzichtet werden mußte.

«Das aller ethischen Fesseln entledigte Ich weiß sich auch einig mit allen Ansprüchen des Sexualstrebens, solchen, die längst von unserer ästhetischen Erziehung verurteilt worden sind, und solchen, die allen sittlichen Beschränkungsforderungen widersprechen. Das Luststreben – die Libido, wie wir sagen – wählt seine Objekte hemmungslos, und zwar die verbotenen am liebsten. [...] Gelüste, die wir ferne von der menschlichen Natur glauben, zeigen sich stark genug, Träume zu erregen. Auch der Haß tobt sich schrankenlos aus. Rache- und Todeswünsche gegen die nächststehenden, im Leben geliebtesten Personen [...] sind nichts Ungewöhnliches.»[124]

Die Tatsache, daß sich diese Wünsche oft nur in der Form einer Angstvorstellung oder Bestrafung äußern, widerspricht nach Freuds Auffassung dabei keineswegs dem Charakter der Wunscherfüllung, sondern ist als Reaktion auf eine solche zu verstehen und stellt wiederum ihrerseits eine Wunscherfüllung der Forderungen des «Ich» dar.

«Die Angst ist das Anzeichen dafür, daß der verdrängte Wunsch sich stärker gezeigt hat als die Zensur [...] und ist, wenn Sie so wollen, Angst vor der Stärke dieser sonst niedergehaltenen Wünsche.»[125]

Betrachtet man die erotischen Phantasien, welche die Frauen in den Gesprächen mit Constanze Lawrenz und Patricia Orzegowski geschildert haben, unter diesem Gesichtspunkt, werden sie als Reaktionen auf eine sexual-feindliche und auf Disziplinierung gerichtete Erziehung und gesellschaftliche Zurichtung verständlich. Die in ihnen häufig zum Ausdruck kommende Gewalttätigkeit und als Aggressivität verweist nicht nur auf das Ausmaß von Ängsten, Schuld- und Schamgefühlen, mit denen bestimmte libidinöse Wünsche besetzt sind und die hier nur als erzwungene legitimiert zum Ausdruck kommen können, sondern auch auf die Energien der ebenfalls mit Angst besetzten unterdrückten eigenen Leidenschaftlichkeit und Aggressivität – ein Aspekt, der in den Diskussionen wenig Berücksichtigung findet.

> «Ebenso wichtig schien uns die Annahme, daß masochistische Phantasiebilder als Verkehrungen unterdrückter Aggressivität auftreten können. Es ist noch immer wenig selbstverständlich für Frauen, aggressive Erlebens- und Verhaltenskomponenten an sich zu akzeptieren.»[126]

Eine typische, häufig geschilderte Phantasie, die von den Frauen als sehr problematisch empfunden wird, ist die einer Vergewaltigungssituation. Daß eine solche Vorstellung als sinnlich erregend empfunden wird, stürzt die Frauen meist in große Konflikte, zeigt jedoch, daß hier vorrangig eigene Lust angestrebt wird und nicht eine Bestrafung oder gar ein Zustand realen Zwanges.

Die Männer, die in diesen Phantasien auftauchen, werden in der Regel entweder als gesichtslos und/oder als häßlich bzw. unangenehm geschildert. Als gesichtslose Wesen werden sie von den Frauen auf eine bestimmte Funktion oder Rolle in einer bestimmten Situation reduziert. Die

Rollen sind wichtiger als die Personen, die keine eigenen Ansprüche und Erwartungen haben, sondern die Funktionen erfüllen, die ihnen von der phantasierenden Person gegeben werden. Sie repräsentieren somit auch die aggressiven Impulse der Frauen.

Daß diese Personen oft als häßlich und unangenehm vorgestellt werden, verweist auf einen weiteren Aspekt des Konfliktes zwischen sexuellem Begehren und moralischem Verbot: Indem Erotik mit Angst besetzt wird, wird die Angst erotisch. Auf eine Person mit besonders erotischer Ausstrahlung wird mit Angst reagiert und umgekehrt.

> «Einen Typen kenn' ich hier, der mir totale Angst macht. Der hat eine ganz fiese, unheimliche Ausstrahlung. Wenn du den siehst, erschrickst du automatisch. Andererseits hat gerade diese Angst auch wieder etwas Erotisches, so daß ich in Gedanken manchmal damit spiele, ich würde irgendwie auf den eingehen.»[127]

Die moralische Aufspaltung von Liebe und Sexualität in gut und böse, rein und schmutzig, wie sie Freud für das männliche Sexualleben beschrieben hat, führt auch bei den Frauen zu einem

> «Wo sie lieben, begehren sie nicht, und wo sie begehren, können sie nicht lieben. [...] Das Liebesleben solcher Menschen bleibt in die zwei Richtungen gespalten, die von der Kunst als himmlische und irdische oder tierische Liebe personifiziert werden.»[128]

In der stereotypen Beteuerung, daß Frauen nicht so sehr die äußere Erscheinung zur Kenntnis nähmen, sondern für sie die «inneren» Werte eines Menschen wichtiger seien, findet diese Aufspaltung ihren ideologischen Ausdruck.

Die Angst, die der erotisch wirkende männliche Körper

hervorruft, läßt ihn als unschön und unangenehm erscheinen. Erst in der Phantasie wird es möglich, sich einer solchen Person zu nähern und die Grenze zwischen Zärtlichkeit und Sinnlichkeit zu übertreten, da

«im Unbewußten häufig in Eines zusammenfällt, was im Bewußtsein in zwei Gegensätze gespalten vorliegt».[129]

Ein anderes, häufig wiederkehrendes Motiv in den erotischen Phantasien von Frauen enthält Vorstellungen mit eindeutig voyeuristischen und exhibitionistischen Elementen – etwa die Vorstellung, nackt auf einem großen Platz in der Öffentlichkeit «ausgestellt» zu sein und von einer großen Menschenmenge betrachtet zu werden. Oft sind dies Bilder, die in direkten Zusammenhang mit erinnerten Phantasien und Spielen aus der Kinderzeit gebracht werden.

«Einem von den Kindern aus dem Haus wurde die Hose runtergezogen, und er oder sie bekam von den anderen Kindern eine hinten drauf gehauen, als eine Art Bestrafung. Wenn nur der Rock hochgehoben wurde, war es die schwächere Stufe des Spiels, auf den nackten Po war es viel spannender. Das haben wir im Hausflur gespielt, wo natürlich die Erwachsenen vorbeikommen konnten.»[130]

«Zum Beispiel habe ich mich nachts im Bett nackt an die Wand gestellt und mir vorgestellt, daß viele Leute an mir vorbeiziehen und mich ansehen. Diese Vorstellung war peinlich und schamvoll und gleichzeitig erregend. [...] In einem anderen nächtlichen Spiel habe ich mir kleine Bürstchen in meinen Po gesteckt [...] und mir ausgemalt, ich würde nackt mit ganz vielen Fähnchen und Federn geschmückt und damit ausgestellt oder vorgeführt.»[131]

In der Erinnerung an diese kindlichen Spiele und Phantasien wird deren verbotener und heimlicher Charakter als besonders aufregend beschrieben. Die Angst vor der Entdeckung, das Beschämende, auch die mögliche Bestrafung werden zu Spannungsmomenten, die sich in den Phantasien der Erwachsenen als erotische Elemente wiederfinden. Dabei sind immer zugleich aktive und passive Aspekte enthalten: sowohl die aufregende eigene Entblößung und «Bestrafung» als auch die Betrachtung und «Bestrafung» der anderen.

In diesen Spielen und Phantasien sind die Akteure und Akteurinnen niemals wirklich ausgeliefert, sondern verfügen frei über ihre Teilnahme an diesen Szenarien, die nach vereinbarten, von ihnen selbst festgelegten Regeln stattfinden. Alle Beteiligten sind gleichberechtigte Komplizen und Komplizinnen, die sich durch den ständigen Rollentausch gleichermaßen mit beiden Positionen identifizieren können. Die empfundene Bedrohung geht nicht von den am Spiel beteiligten Personen aus, sondern besteht in den von außen an sie herangetragenen Moralvorschriften und Tabus, die hier noch mit den Personen der Eltern und den Erwachsenen insgesamt identifiziert werden.

Das Spiel bietet die Möglichkeit einer aktiven Bemächtigung solcher bedrohlichen, ambivalenten Situationen und macht sie kontrollierbar. Es stellt in dieser provozierenden, die Entdeckung geradezu herausfordernden Form gleichzeitig ein Aufbegehren gegen die zum Teil bereits verinnerlichten moralischen Zwänge dar, wie auch die allmähliche Identifikation mit diesen Ansprüchen.

Die kindlichen Spiele, wie sie in diesen Beispielen dargestellt werden, kennzeichnen eine besondere Situation, weil sie der späteren Phantasieproduktion als Vorbilder dienen, und ein Muster der realen Ausgestaltung sadomasochistischer Inszenierungen abgeben. Das Verhältnis von Meisterin und Sklavin, Oberer und Unterer scheint in abgewandelter Form die Situation der Mutter und Kind-, Schul- oder Doktorspiele zu wiederholen – das Fesseln, Anbinden und Einsperren eine spätere Inszenierung der früheren Räuber- und Gendarm-Spiele zu sein.

Versteht man die sadomasochistischen Inszenierungen als Wiederholungen kindlicher Rollenspiele, entsteht der Eindruck einer Harmlosigkeit, die allerdings in Widespruch steht zu der großen Abwehr, mit der die Frauen meist auf die Vorstellung einer Umsetzung ihrer Phantasien in die Realität reagieren.

Macht man sich jedoch bewußt, mit welcher hohen psychischen und physischen Beteiligung die Erlebnisse von Kindern begleitet sind, die Intensität ihrer Gefühle, die Heftigkeit ihrer Lust- und Unlustreaktionen und ihr starkes Bedürfnis, diese in motorischer Form unter Einsatz ihres ganzen Körpers und seiner gesamten Energie auszuagieren; bedenkt man dazu, wieviel Kraft und Energie im Laufe des Erziehungsprozesses dazu aufgewendet werden mußte, lustvolle Positionen aufzugeben und mit wieviel Konflikten und Erfahrungen der Ablehnung, der Hilflosigkeit, Ohnmacht und narzißtischer Kränkung dieser Prozeß verbunden ist, wird deutlich, wie wenig harmlos im Sinne von psychisch bedeutungslos diese Spiele sind.

Die Abwehr von Vorstellungen einer eventuellen Realisierung der phantasierten Wünsche wird als Angst vor einem unkontrollierbaren Durchbruch der im Laufe des Erziehungsprozesses entstandenen und unterdrückten heftigen Emotionen verständlich, weil dieser eng mit der Gefahr einer erneuten Wiederholung der schmerzlichen Erfahrungen der Ablehnung verbunden ist.

Die aggressiven Gefühle gegenüber einer anderen Person, die sich beispielsweise in Gewaltphantasien ausdrücken, sind ja bereits Produkt einer solchen Erfahrung der Ablehnung oder narzißtischen Kränkung, die nicht einmal unbedingt von dieser einen Person ausgegangen sein muß. Das Ausagieren dieser Emotionen könnte zwar zunächst als eine lustvolle Befreiung von den körperlichen und seelischen Spannungen empfunden werden; es kann aber das angeschlagene Selbstbewußtsein allein nicht von der erfahrenen Kränkung befreien und wird so erneut Schuldgefühle hervorrufen. Erst wenn auch die abgelehnten Aspekte des Selbst in der Beziehung zu einem anderen Menschen Anerkennung finden, wird es möglich, diesen Kreislauf von Schuld und Scham zu durchbrechen.

Die Auseinandersetzung mit den erotischen Phantasien und das Bewußtmachen der in ihnen enthaltenen Wünsche und Ängste, gegebenenfalls durch die Konfrontation mit erotischer Literatur, ist somit zwar ein wichtiger und notwendiger Prozeß; die eigentliche Bewältigung der Konflikte ist ohne eine Umsetzung der intellektuellen Erkenntnisse in eine positive, bestätigende, zwischenmenschliche Erfahrung allerdings schwer vorstellbar.

Eine sadomasochistische Beziehung ist *eine* mögliche Form einer solchen Umsetzung – sicher nicht die einzige und sicher nicht die von jedem Menschen bevorzugte. Die therapeutischen Aspekte, die darin enthalten sind, erwecken fälschlicherweise den Eindruck, es handle sich um eine Behandlungsmethode, der man sich zur Beseitigung seiner ungebetenen Wünsche und Phantasien zu unterziehen hätte, ähnlich dem Besuch eines Zahnarztes. Sadomasochistische Praktiken dienen aber nicht der Beseitigung, sondern der Versöhnung mit den konfliktreichen Wünschen. Ihr vorrangiges Ziel ist die lustvolle sexuelle Befriedigung.

> «Pat: ‹Ich praktiziere S/M, weil das für mich die befriedigenste Form von Erotik ist, die ich kenne.› [...]
> Nancy: ‹Glaubt ihr, daß viele Frauen auf irgendeine Weise sadomasochistisch sind?›
> Gayle: ‹Das wäre so, wie wenn man sagt, daß alle Menschen schwul sind, weil alle Menschen ein homosexuelles Element haben. Viele Leute haben solche Phantasien, und dennoch sind es nicht ihre primären erotischen Wünsche oder auch nur etwas, was sie gerne ausprobieren wollen.›»[132]

Sadomasochismus zu praktizieren ist eine Frage der persönlichen Entscheidung, die aufgrund einer bestimmten sexuellen Vorliebe getroffen wird, und nicht die zwangsläufige Konsequenz einer theoretischen Einsicht oder politischen Überzeugung.

Auch wenn die Erfahrungs- und Entfaltungsmöglichkeiten sehr vieler Menschen in unserer Gesellschaft durch Schuld- und Schamängste eingeschränkt werden und sich diese Beschränkung auch auf das Ausprobieren und/oder Ausleben sadomasochistischer Aspekte bezieht, kann dies nicht heißen, daß deshalb jede Frau und jeder Mann Sadomasochist oder Sadomasochistin sei oder sein müsse. Statt den Sadomasochismus negativ zu stigmatisieren, ihn nun umgekehrt zur Norm zu erheben, hieße nicht, die Zwänge zu beseitigen, sondern sie nur durch ihr Gegenteil zu ersetzen, «kurzum, es wird Lust gepredigt. Predigen kann man aber bloß Moral, und gepredigte Lust wird Moral. Herrschaftstechnik».[133]

Gerade auch in Verbindung mit einem Verständnis von Sadomasochismus als «Therapie» würde diese umgekehrte Normsetzung nur den Kreis potentiell pathologischer Fälle erweitern und die Mechanismen der Selbstkontrolle wiederum verstärken. Sie wäre erneut Ausdruck des Bestrebens unserer Gesellschaft, die vorhandene Vielfalt ständig auf eine einheitliche Norm reduzieren zu müssen, in der den Dingen keine gleichberechtigte Existenz nebeneinander zugestanden wird und die nur in den Kategorien von richtig oder falsch, gut oder böse zu denken vermag.

Eine wirkliche Auseinandersetzung mit den Phänomenen des Sadomasochismus könnte jedoch, wenn sie sich aus dem Entscheidungszwang eines dafür oder dagegen zu lösen vermag, zu einem besseren Verständnis und einer größeren Akzeptanz gegenüber von der gesellschaftlichen Norm abweichender sexueller Komponenten, bei sich selbst und auch bei anderen Menschen, führen. Sie könnte ein Nachdenken über die eigenen Möglichkeiten des Umgangs mit diesen Aspekten bewirken.

Eine solche Auseinandersetzung enthält natürlich immer auch eine subversive gesellschaftspolitische Dimension, sofern sie über die Frage nach den Entstehungsbedingungen von Schuld- und Schamängsten zu einer Überprüfung gesellschaftlicher Moralvorstellungen und Tabus führt.

Das Ausleben einer von der gesellschaftlichen Norm abweichenden sexuellen Vorliebe oder dessen Verteidigung ist an sich aber noch keine revolutionäre gesellschaftsverändernde Handlung. Auch die persönlichen Bekenntnisse von

Frauen und Männern zu ihrer Homosexualität haben keine grundsätzliche Auflösung der vorherrschenden Geschlechtsrollenstereotype oder der das Geschlechterverhältnis repräsentierenden und reproduzierenden gesellschaftlichen Institutionen bewirkt, sondern ließen sich zum Teil sogar sehr gut in diese integrieren, wie es sich z. B. an den Bemühungen um eine offizielle Anerkennung von Ehen zwischen gleichgeschlechtlichen Partnerinnen und Partnern zeigt.

Die jeweilige sexuelle Orientierung sagt noch nichts über den politischen Standpunkt eines Menschen aus. Erst wenn die durch die gesellschaftliche Stigmatisierung eventuell hervorgerufene erhöhte Sensibilität gegenüber gesellschaftlichen Zwängen aus der persönlichen Betroffenheit heraus in einen Politisierungsprozeß einmündet, erhält die Auseinandersetzung mit der eigenen sexuellen Abweichung eine kritische gesellschaftspolitisch wirksame Dimension, die über den Kampf um das eigene persönliche Glück hinausgeht.

# Anmerkungen

1   Elizabeth Mc Neill: *Neun Wochen und drei Tage – Erinnerungen an eine Liebeserfahrung*, Reinbek 1983, S. 151f.
2   Andreas Spengler: *Sadomasochisten und ihre Subkulturen*, Frankfurt a. M. 1979, S. 17f.
3   Ebenda, S. 20
4   Ebenda, S. 21
5   Pat Califia: *Sapphistrie – Das Buch der lesbischen Sexualität*, Berlin 1981
6   Jean Laplanche/Jean-Bertrand Pontalis: *Das Vokabular der Psychoanalyse*, Bd. I, Frankfurt a. M. 1972, S. 64
7   Richard von Krafft-Ebing: *Psychopathia sexualis* (1886), München 1984, S. 2
8   Ebenda, S. 5
9   M. Masud R. Khan: *Entfremdung bei Perversionen*, Frankfurt a. M. 1983, S. 294
10  Vgl.: Norbert Elias: *Über den Prozeß der Zivilisation* (1936), Bd. II, Frankfurt a. M. 1976, S. 342ff.
11  Marianne Weber: «Sittliche Gegengewichte der Prostitution» (1917), zitiert in: Regina Schulte: *Sperrbezirke – Tugendhaftigkeit und Prostitution in der bürgerlichen Welt*, Frankfurt a. M. 1979, S. 137
12  Regina Schulte, a. a. O., S. 138f.
13  Constanze Lawrenz/Patricia Orzegowski: *Das kann ich keinem erzählen – Gespräche mit Frauen über ihre sexuellen Phantasien*, Frankfurt a. M. 1988, S. 24f.
14  Ebenda, S. 65
15  Interview mit Luce Irigaray, in: Marie-Françoise Hans und Gilles

Lapouge (Hrsg.): *Die Frauen – Pornographie und Erotik*, Darmstadt 1979, S. 27f.

16 Sigmund Freud: *Das Unbehagen in der Kultur* (1930), Frankfurt a. M. 1987, S. 109

17 Ebenda, S. 108

18 Norbert Elias, a. a. O., siehe insbesondere Bd. II, S. 312ff.

19 Vgl.: Peter Gorsen: *Sexualästhetik – Grenzformen der Sinnlichkeit im 20. Jahrhundert*, Reinbek 1987, S. 13ff.

20 Karl Rosenkranz: «Aesthetik des Häßlichen» (1853), zitiert in: Ebenda, S. 13

21 Alice Schwarzer (Hrsg.): *PorNo – Emma Sonderband* Nr. 5, Köln 1988, S. 5

22 Therese Stanton, in: Alice Schwarzer, a. a. O., S. 17

23 Maria Marcus: *Die furchtbare Wahrheit – Frauen und Masochismus*, Reinbek 1987, S. 233

24 Pauline Réage: *Geschichte der O*, Reinbek 1977, siehe Anmerkung des Verlages

25 Jean Paulhan: «Das Glück in der Sklaverei», in: Pauline Réage, a. a. O., S. 6

26 Die in diesem Abschnitt mit Seitenangaben versehenen Zitate sind der oben genannten Ausgabe der *Geschichte der O* entnommen.

27 Régine Deforges/Pauline Réage: *Die «O» hat mir erzählt (Hintergründe eines Bestsellers)*, München/Berlin 1976, S. 180

28 Donatien Alphonse Françoise Marquis de Sade: *Die 120 Tage von Sodom*, Ausgewählte Werke Bd. I, hrsg. von Marion Luckow, Hamburg 1965

29 Jessica Benjamin: «Herrschaft – Knechtschaft: die Phantasie von der erotischen Unterwerfung», in: Snitow, Ann/Stansell, Christine/Thompson, Sharon (Hrsg.): *Die Politik des Begehrens*, Berlin 1985, S. 93

30 Ebenda, S. 94

31 Georg Wilhelm Friedrich Hegel: *Phänomenologie des Geistes,* Werke in zwanzig Bänden, Bd. III, Frankfurt a. M. 1970, S. 147

32 Ebenda, S. 148

33 Ebenda, S. 149

34 Ebenda, S. 145

35 Ebenda, S. 147

36 Ebenda, S. 150

37 Jessica Benjamin, a. a. O., S. 96f.

166

38 M. Masud R. Khan, a. a. O., S. 11
39 Ebenda, S. 18
40 Ebenda
41 Ebenda, vgl.: S. 9-18
42 Norbert Elias, a. a. O., S. 399f.
43 Jessica Benjamin, a. a. O., S. 112f.
44 Sigmund Freud: *Die Traumdeutung* (1900), Frankfurt a. M. 1982, S. 209
45 Vgl. dazu: Theodor Reik: *Aus Leiden Freuden – Masochismus und Gesellschaft* (1940), Frankfurt a. M. 1983, S. 107-109
46 Sigmund Freud: *Drei Abhandlungen zur Sexualtheorie (Die infantile Sexualität)* (1904-1905), Frankfurt a. M. 1983, S. 64ff.
47 Léon Wurmser: «Das Problem der Scham», in: *Jahrbuch der Psychoanalyse* 13, 1981, S. 23f.
48 Vgl.: Anmerkung Nr. 8
49 Eduard Fuchs: *Illustrierte Sittengeschichte – Vom Mittelalter bis zur Gegenwart* in 3 Bänden (1902-1912), Bd. III, Berlin (ohne Erscheinungsjahr), S. 6
50 Ebenda
51 Jessica Benjamin, a. a. O., S. 103
52 Vgl.: Sigmund Freud: «Über einen besonderen Typus der Objektwahl beim Manne» (1910), in: *Beiträge zur Psychologie des Liebeslebens*, Frankfurt a. M. 1981, S. 9ff.
53 Andreas Spengler, a. a. O., S. 44
54 Jessica Benjamin, a. a. O., S. 104
55 Ebenda, S. 102
56 Theodor Reik, a. a. O., S. 112f.
57 Ebenda, S. 183
58 Pauline Réage: *Histoire D'O*, Paris 1954
59 Vgl. u. a.: Manfred Lurker: *Wörterbuch der Symbolik*, Stuttgart 1988
60 Susan Sontag: «Die pornographische Phantasie», in: *Kunst und Antikunst (24 literarische Analysen)*, München/Wien 1980, S. 67
61 Jean Paulhan, a. a. O., S. 9
62 Maria Marcus, a. a. O., S. 244
63 Jessica Benjamin, a. a. O., S. 106
64 Régine Deforges/Pauline Réage, a. a. O., S. 116
65 Ebenda, S. 178
66 Die in diesem Abschnitt mit Seitenangaben versehenen Zitate sind

der oben genannten Ausgabe *Neun Wochen und drei Tage* von Elizabeth McNeill entnommen.

67  M. Masud R. Khan, a. a. O., S. 287
68  Ebenda
69  Ebenda, S. 292
70  Medard Boss: *Sinn und Gehalt der sexuellen Perversionen*, Bern 1952, S. 95
71  M. Masud R. Khan, a. a. O., S. 299
72  *Der große Duden* (Fremdwörterbuch), Mannheim 1966
73  *Der große Duden* (Fremdwörterbuch), Mannheim 1982
74  Vgl.: Paul Kruntorad: Krafft-Ebing, in: Richard von Krafft-Ebing: *Psychopathia Sexualis*, a. a. O., S. 11
75  Vgl.: Sigmund Freud: *Drei Abhandlungen zur Sexualtheorie*, a. a. O., S. 99
76  Vgl.: ebenda, S. 28
77  Ebenda, S. 13
78  Ebenda, S. 37
79  Ebenda
80  Ebenda, Anmerkung auf S. 22
81  Vgl.: ebenda, S. 46f.
82  Ebenda, S. 52
83  Ebenda
84  Ebenda, S. 41
85  Vgl.: ebenda
86  M. Masud R. Khan, a. a. O., S. 288
87  Andreas Spengler, a. a. O., S. 110
88  Vgl.: *Courage:* Nr. 10, 1982, S. 18ff.
89  Max Horkheimer: «Neue Kunst und Massenkultur», in: *Kritische Theorie*, Bd. II, Frankfurt a. M. 1968, S. 313
90  Arnold Hauser: *Methoden moderner Kunstbetrachtung*, München 1958, S. 10
91  Susan Sontag, a. a. O., S. 50
92  Ebenda, S. 51
93  Ebenda, S. 52
94  Ebenda, S. 59
95  Ebenda, S. 58
96  *Der Spiegel:* Nr. 19, 1968, S. 186
97  *Bundesprüfstelle für jugendgefährdende Schriften*, Entscheidung Nr. 1942, Bad Godesberg den 3. 11. 1967, S. 4-7

98   Vgl. u. a.: *Konkret*, Juli 1965

99   Thomas Ziehe: «Nackt und bloß der Entzauberung entgegen», in: Thomas Ziehe und Ernst Knödler-Bunte (Hrsg.): *Der sexuelle Körper – Ausgeträumt*, Berlin 1984, S. 56f.

100  *Der Spiegel*: Nr. 40, 1969, S. 230

101  Gerd Pfeiffer u. a.: *Strafgesetzbuch – Kommentar an Hand der Rechtsprechung des BGH*, Essen 1969, S. 48

102  Schönke-Schröder: *Strafgesetzbuch – Kommentar*, München 1976, S. 1172

103  Vgl.: *Der Spiegel*: Nr. 37, 1975, S. 124ff.

104  *Der Spiegel*: Nr. 51, 1975, S. 134

105  Gerd Arentewicz und Friedemann Pfäfflin: «Sexuelle Funktionsstörungen aus verhaltenstherapeutischer Sicht», in: Volkmar Sigusch (Hrsg.): *Therapie sexueller Störungen*, (1. Auflage 1975), Stuttgart 1980, S. 28

106  Vgl.: Alice Echols: «Der neue Yin-Yang-Feminismus», in: Snitow, Ann/Stansell, Christine/ Thompson, Sharon (Hrsg.), a. a. O., S. 154f.

107  Verena Stefan: *Häutungen*, Berlin 1975, S. 38

108  Alice Echols, a. a. O., S. 158

109  Vgl.: Frederick Wyatt: «Der Triumph des Masochismus, oder das Alpha in der Geschichte der O», in: *Freiburger literaturpsychologische Gespräche*, Bd. VII, hrsg. von Johannes Cremerius u. a., Würzburg 1988, S. 76

110  Ulrike Prokop und Alfred Lorenzer: «Sadismus und Masochismus in der Literatur, oder: der Kampf gegen die übermächtige Mutterimago», in: Ebenda, S. 70f.

111  Maria Marcus, a. a. O., S. 247

112  Jessica Benjamin, a. a. O., S. 90

113  Ebenda, S. 111

114  *Bundesprüfstelle für jugendgefährdende Schriften*, Entscheidung Nr. 3233, Bonn den 2. September 1982, S. 14

115  Ebenda, S. 11

116  Filmtips: Programm der kommunalen Kinos der Stadt Hannover, September 1989

117  Franz Wellendorf: «‹da habe ich den kompletten Wortuntergang erlitten› – Sprache, Schreiben und Aggression. Überlegungen zu Texten Friederike Mayröckers», in: *Freiburger literaturpsychologische*

*Gespräche,* Bd. VI, hrsg. von Johannes Cremerius u. a., Würzburg 1987, S. 101

118 Susan Sontag, a. a. O., S. 47

119 Ebenda, a. a. O., S. 49

120 *Bundesprüfstelle für jugendgefährdende Schriften,* Entscheidung Nr. 3563, Bonn den 5. 12. 1985, S. 8

121 Ebenda

122 Constanze Lawrenz und Patriacia Orzegowski, a. a. O., S. 135

123 Sigmund Freud: *Vorlesungen zur Einführung in die Psychoanalyse* (1915-17), Frankfurt a. M. 1977, S. 293

124 Ebenda, S. 115

125 Ebenda, S. 172f.

126 Constanze Lawrenz und Patricia Orzegowski, a. a. O., S. 145

127 Ebenda, S. 100

128 Sigmund Freud: *Beiträge zur Psychologie des Liebeslebens,* a. a. O., S. 21

129 Ebenda, S. 14

130 Constanze Lawrenz und Patricia Orzegowski, a. a. O., S. 120

131 Ebenda, S. 118

132 Pat Califia und Gayle Rubin in einem Interview mit der Zeitschrift *Courage, Courage:* Nr. 10, 1982, S. 26f.

133 Karin Rutschky: «Über ‹kolonisierte› Frauen und sonstige unkeusche Gedanken», in: *Frankfurter Rundschau* vom 21. 10. 1988, S. 12

# Literatur

Arentewicz, Gerd/Pfäfflin, Friedemann: «Sexuelle Funktionsstörungen aus verhaltenstherapeutischer Sicht», in: Volkmar Sigusch (Hrsg.): *Therapie sexueller Störungen*, (1. Auflage 1975), Stuttgart 1980

Benjamin, Jessica: «Herrschaft – Knechtschaft: die Phantasie von der erotischen Unterwerfung», in: Snitow, Ann/Stansell, Christine /Thompson, Sharon (Hrsg.): *Die Politik des Begehrens*, Berlin 1985

Boss, Medard: *Sinn und Gehalt der sexuellen Perversionen*, Bern 1952

Califia, Pat: *Sapphistrie – Das Buch der lesbischen Sexualität*, Berlin 1981

Courage: *Courage*, Nr. 10, 1982

Cremerius, Johannes u. a. (Hrsg.): *Freiburger literaturpsychologische Gespräche*, Bd. VI: *Literatur und Aggression*, Würzburg 1987; Bd.VII: *Masochismus in der Literatur*, Würzburg 1988

Declos, Anne (Réage, Pauline): *Die Geschichte der O*, Reinbek 1977

Deforges, Régine/Réage, Pauline: *Die «O» hat mir erzählt. (Hintergründe eines Bestsellers)*, München/Berlin 1976

Echols, Alice: «Der neue Yin-Yang-Feminismus», in: Snitow, Ann/Stansell, Christine/Thompson, Sharon (Hrsg.): *Die Politik des Begehrens*, Berlin 1985

Elias, Norbert: *Über den Prozeß der Zivilisation* (1936), 2 Bände, Frankfurt a. M. 1976

Eppendorfer, Hans: *Der Ledermann spricht mit Hubert Fichte*, Frankfurt a. M. 1976

Filmtips: Programm der kommunalen Kinos der Stadt Hannover, September 1989

Freud, Sigmund: *Die Traumdeutung* (1900), Frankfurt a. M. 1982
– *Drei Abhandlungen zur Sexualtheorie* (1904-05), Frankfurt a. M. 1983

– *Beiträge zur Psychologie des Liebeslebens* (1910-18), Frankfurt a. M. 1981
– *Vorlesungen zur Einführung in die Psychoanalyse* (1915-17), Frankfurt a. M. 1977
– «Das ökonomische Problem des Masochismus» (1924), in: *Das Ich und das Es*, Frankfurt a. M. 1982
– *Das Unbehagen in der Kultur* (1930), Frankfurt a. M. 1987
Fuchs, Ernst: *Illustrierte Sittengeschichte – Vom Mittelalter bis zur Gegenwart* in 3 Bänden (1909-1912), Berlin (ohne Erscheinungsjahr)
Gorsen, Peter: *Sexualästhetik – Grenzformen der Sinnlichkeit im 20. Jahrhundert*, Reinbek 1987
Hans, Marie-Françoise/Lapouge, Gilles (Hrsg.): *Die Frauen-Pornographie und Erotik (Interviews)*, Darmstadt 1979
Hauser, Arnold: *Methoden moderner Kunstbetrachtung*, München 1958
Hegel, Georg Wilhelm Friedrich: *Phänomenologie des Geistes* (Werke Bd. III) insbes. Kapitel IV A: «Selbständigkeit und Unselbständigkeit des Selbstbewußtseins; Herrschaft und Knechtschaft», Frankfurt a. M. 1970
Horkheimer, Max: «Neue Kunst und Massenkultur», in: *Kritische Theorie*, Bd. II, Frankfurt a. M. 1968
Khan, M. Masud R.: *Entfremdung bei Perversionen*, Frankfurt a. M. 1983
Konkret: *Konkret*, Juli 1965
Krafft-Ebing, Richard von: *Psychopathia sexualis* (1986), München 1984
Laplanche, Jean/Pontalis, Jean-Bertrand: *Das Vokabular der Psychoanalyse*, Frankfurt a. M. 1972
Lawrenz, Constanze/Orzegowski, Patricia: *Das kann ich keinem erzählen – Gespräche mit Frauen über ihre sexuellen Phantasien*, Frankfurt a. M. 1988
Marcus, Maria: *Die furchtbare Wahrheit – Frauen und Masochismus* (1974-78), Reinbek 1987
McNeill, Elizabeth: *Neun Wochen und drei Tage – Erinnerungen an eine Liebeserfahrung*, Reinbek 1983
Pfeiffer, Gerd u. a: *Strafgesetzbuch - Kommentar an Hand der Rechtsprechung des BGH*, Essen 1969
Prokop, Ulrike/Lorenzer, Alfred: «Sadismus und Masochismus in der Literatur, oder: der Kampf gegen die übermächtige Mutterimago», in: *Freiburger literaturpsychologische Gespräche*, Bd. VII: *Masochismus in der Literatur*, hrsg. von Johannes Cremerius u. a, Würzburg 1988
Réage, Pauline: *Geschichte der O*, Reinbek 1977
Réage, Pauline: *Histoire D'O* (1954), mit einem Vorwort von Jean Paulhan, Montreuil 1963

172

Reik, Theodor: *Aus Leiden Freuden – Masochismus und Gesellschaft* (1940), Frankfurt a. M. 1983

Rutschky, Karin: «Über ‹kolonisierte› Frauen und sonstige unkeusche Gedanken», in: *Frankfurter Rundschau* vom 21. 10. 1988

Sade, Marquis de, Donatien Alphonse François: *Ausgewählte Werke* (3 Bände), hrsg. von Marion Luckow, Hamburg 1962-65

Schönke-Schröder: *Strafgesetzbuch - Kommentar*, München 1976

Schulte, Regina: *Sperrbezirke – Tugendhaftigkeit und Prostitution in der bürgerlichen Welt*, Frankfurt a. M. 1979

Schwarzer, Alice: *PorNo-Emma* Sonderband Nr. 5, Februar 1988

Sellers, Terence: *Der korrekte Sadismus (Die Memoiren der Angel Stern)*, Berlin 1985

Sigusch, Volkmar: *Therapie sexueller Störungen*, (1. Auflage 1975), Stuttgart 1980

Snitow, Ann/Stansell, Christine/Thomson, Sharon (Hrsg.): *Die Politik des Begehrens – Sexualität, Pornographie und neuer Puritanismus in den USA*, Berlin 1985

Sontag, Susan: «Die pornographische Phantasie», in: Sontag, Susan: *Kunst und Antikunst (24 literarische Analysen)*, München/Wien 1980

Spengler, Arnold: *Sadomasochisten und ihre Subkulturen*, Frankfurt a. M. 1979

Der Spiegel: *Der Spiegel* Nr.19/1968
– Nr. 40/1969
– Nr. 37/1975
– Nr. 51/1975

Wellendorf, Franz: «‹da habe ich den kompletten Wortuntergang erlitten› – Sprache, Schreiben und Aggression, Überlegungen zu Texten Friederike Mayröckers, in: *Freiburger literaturpsychologische Gespräche*, Bd. VI: *Literatur und Aggression*, hrsg. von Johannes Cremerius u. a., Würzburg 1987

Wurmser, Léon: «Das Problem der Scham», in: *Jahrbuch der Psychoanalyse*, 13/1981

Wyatt, Frederic: «Der Triumph des Masochismus, oder das Alpha in der Geschichte der O», in: *Freiburger literaturpsychologische Gespräche*, Bd. VII: *Masochismus in der Literatur*, hrsg. von Johannes Cremerius u. a., Würzburg 1988

Ziehe, Thomas: «Nackt und bloß der Entzauberung entgegen», in: Thomas Ziehe und Ernst Knödler-Bunte (Hrsg.): *Der sexuelle Körper – Ausgeträumt?* Berlin 1984

# Forum Frauenforschung bei Kore

*«Doch die alternative Präsentation durch die Frauen ist mehr als die Lust an schönen Formulierungen. Sie entspricht dem inhaltlichen Interesse an neuen Wegen in der Frauenforschung.»*

FF 4,
STADT – LAND – FRAU
Soziologische Analysen,
feministische Planungsansätze
hrsg. von Kerstin Dörhöfer
248 Seiten • 25,-- DM

*«Eine Sammlung mit kritischen Analysen ‹männlicher› Raumgestaltung und alternativen feministischen Planungsansätzen liegt mit diesem Band vor. Die Herausgeberin Kerstin Dörhöfer, stellt acht Aufsätze zur Diskussion, die das Verhältnis zwischen den Kategorien Geschlecht und Raum mit neuen Perspektiven reflektieren.»*
Sabine Bitter / WoZ

FF 5,
TÖCHTERFRAGEN
NS-FRAUENGESCHICHTE
hrsg. von Lerke Gravenhorst und
Carmen Tatschmurat
416 Seiten • 40,-- DM

*«Biographische Innenansichten der Forscherinnen, die das Interesse an sozialwissenschaftlichen Fragestellungen für die NS-Frauenforschung mit dem persönlichen deutschen Familienerbe verknüpfen, stellen die in diesem Band vorgetragenen Aus-*einandersetzungen in einem Horizont von Verantwortung vor, wie er vielen wissenschaftlichen Kontroversen zu wünschen wäre.»*
Hiltrud Häntzschel / SZ

FF 6,
TRADITIONSBRÜCHE
hrsg. von Gudrun-Axeli Knapp
und Angelika Wetterer
250 Seiten • 25,-- DM
FRÜHJAHR, 1992

Kore, Verlag Traute Hensch
Dreikönigstr. 6
7800 Freiburg

# Frauen und Psychoanalyse bei Kore

TAGEBUCH EINER
HEIMLICHEN SYMMETRIE
Sabina Spielrein zwischen Freud
und Jung
376 Seiten • 39,80 DM

*«Eines der schönsten und zugleich schrecklichsten Bücher, die man über die Psychoanalyse lesen kann... Es liest sich wie eine Mischung aus Kriminalroman, leidenschaftlicher Liebesgeschichte und einem Konglomerat aus Männerkumpanei und Wissenschaftsgeschichte, Hintertreppenintrigen und tragischem Ringen um die Erhaltung von Würde, reinem Gefühl, Selbstachtung und Erkenntniswillen...»*
Tilman Moser/*FAZ*

Sabina Spielrein,
SÄMTLICHE SCHRIFTEN
392 Seiten • 39,80 DM

*«Es wird Jahre brauchen, bis alle Gedanken von Sabina Spielrein über die Psychoanalyse ausgeschöpft sind. Die feinen Gefühlsregungen, denen der Leser in den Schriften begegnet, verleihen der Psychoanalyse menschliche Züge von großer Faszination.»*
Ulrike Lehmkuhl/*Zeitschrift für Individualpsychologie*

Marie Langer,
VON WIEN BIS MANAGUA
Wege einer Psychoanalytikerin
312 Seiten • 35,-- DM

*«‹Von Wien bis Managua› ist eine bestechende, spannende und lehrreiche Mischung aus persönlicher Er-*innerung, Auseinandersetzung mit der Psychoanalyse und politischer Zeitgeschichte... Das Buch ist ein Geschenk.»*
Ingrid Strobl/*EMMA*

Marie Langer,
DAS GEBRATENE KIND
UND ANDERE MYTHEN
Die Macht unbewußter Phantasien
176 Seiten • 29,80 DM

*«Das ist nicht nur das Buch einer Frau – es ist ein Buch von Frauen, genauer gesagt, von ‹guten oder bösen› Müttern, die im Zentrum der unbewußten Phantasien stehen.»*
Erika Dannenberg/*Stimme d. Frau*

Marie Langer,
MUTTERSCHAFT UND SEXUS
Körper und Psyche der Frau
384 Seiten • 42,-- DM

*«Mit seinen reichhaltigen Fallbeispielen liegt hier ein spannendes Lesebuch aus dem Erfahrungsschatz einer überaus lebendigen und unkonventionell denkenden Analytikerin vor.»*
Christina Schiche/*TAZ*

Célia Bertin,
DIE LETZTE BONAPARTE
Freuds Prinzessin. Ein Leben.
464 Seiten • 42,-- DM

*«Die von Célia Bertin unter Verwendung umfangreichen, bisher nicht veröffentlichten privaten Materials verfaßte Biographie der Prinzessin ist außerordentlich lesenswert.»*
Bernd Nitzschke/*DIE ZEIT*

Anonyma,
VERFÜHRUNG
AUF DER COUCH
Eine Niederschrift

192 Seiten • 20,-- DM

*«Anonymas Niederschrift jedenfalls ist kein larmoyanter Betroffenenbericht, sondern ein Buch mit literarischen Qualitäten, das glaubhafte Bilder findet für die Stimmung des Verliebt-Seins und der Verzweiflung, und das sich lesen läßt wie ein spannender Roman. Es ist ein Buch, das selber verführt, das Phantasien und Ängste weckt, ist doch der Inzest ein heißer Punkt nicht nur für Analysanden, sondern für uns alle.»*
Karin Fleischanderl / Listen

Luce Irigaray,
GENEALOGIE
DER GESCHLECHTER

265 Seiten • 38,-- DM

*«In den Texten von Irigaray, ‹der Philosophie der weiblichen Erotik›, verquickt sich ein sinnliches Schöpfen aus allen Wissensbereichen mit einer gnadenlosen analytischen Schärfe.»*
Cornelia Fraenkel

Lillian Rotter,
SEX-APPEAL UND
MÄNNLICHE OHNMACHT
Psychoanalytische Schriften
hrsg. von Andreas Benz

204 Seiten • 29,80 DM

*«Das ist Lillian Rotters persönliche Lebens- und Schaffensbilanz – ein Stück Erhellung des ‹dark continent› der weiblichen Sexualität.*
Eva-Maria Alves / FR

WAS WILL DAS WEIB IN MIR?
hrsg. von Karola Brede

244 Seiten • 35,-- DM

*«Karola Brede präsentiert die Vorträge mit den Diskussionen zwischen weiblichen und männlichen Psychoanalysespezialisten. Das Buch liest sich so spannend, daß man am liebsten mitdiskutieren möchte.»*
Ulrike Heider / Psyche

Lise Tripet,
WO STEHT DAS VERLORENE
HAUS MEINES VATERS?
Afrikanische Analysen

200 Seiten • 35,-- DM

*«Dieses Buch ist all jenen zu empfehlen, die sich mit anderen Kulturen beschäftigen.»*
Heinz Hug / Mosquito

Lou Andreas-Salomé,
DAS ‹ZWEIDEUTIGE› LÄCHELN
DER EROTIK

408 Seiten • 48,-- DM

*«Daß nun Andreas-Salomés psychoanalytisches Werk wieder zugänglich gemacht worden ist, kann vielleicht und hoffentlich dazu beitragen, an der hehren Männerfestung des psychoanalytischen Gründervaters und seiner Söhne zu rütteln.»*
Lotte Rose / Psychologie Heute